センスのいい人
だけが知っている
「自分なりのキレイ」
のつくりかた

MIZUKI

Discover

Prologue

昨今、「自分の容姿に自信がない」と悩む人がとても多いです。

「キレイになって自分に自信を持ちたい」
「外見に自信がないから、積極的になれない」
「可愛いあの子が羨ましい……私も可愛くなりたい」
「ここがあともうちょっと、こうだったらいいのに……」

多かれ少なかれ、誰もが一度はこのような気持ちを抱えたことがあるのではないでしょうか？

かくいう私自身も、そういった悩みを持つ一人でした。

自分なりにおしゃれをして出かけたつもりでも、友人と一緒に映る写真を後で見返すと、「なんか自分だけダサい……」と落ち込んでしまうことばかりで、どうすれば自分の容姿が魅力的に見え、自分自身に満足できるようになるのかが全くわかりませんでした。

今より少しでもキレイになるために日々努力をしているけれど、年齢を重ね老化は進む一方。

自分の目指すべき姿やゴールがわからず、いつまで経っても自信を持てなくて、自分に100%満足できない気持ちが、常にどこかにありました。

そんなときはどうしても他人の魅力にばかり目がいってしまい、無駄だとわかっていながら他人と自分を比べてしまうのです。

自分の容姿とは長い人生ずっと付き合っていくのにもかかわらず、こんな風に自分で自分のポテンシャルを最大限に発揮する力がなく、死ぬまで自信を持てないままでいるなんて非常にもったいないですよね。

そもそも、化粧品のクオリティは、私が初めてメイクをした20年前と比べるとぐんと上がりましたし、整形や美容皮膚科といった美容医療は非常に身近なものになっています。

韓国コスメにサプリメント、パーソナルトレーニングにピラティス……。キレイになる手段は追い切れないほどたくさんあるのに、自分の容姿に自信がない人が減らないのはなぜなのでしょうか？


その理由はいくつか考えられます。


例えば、一部の美容ビジネスによる過度な広告。

まるで〝正解の顔〟と〝間違いの顔〟があるかのように発信され、「こうじゃなきゃ美人じゃない」という気持ちにさせられてしまいます。

別に二重でなくても、おでこが丸くなくても美しい人は大勢いるのですが、多くの発信を見ていると「二重じゃない自分はダメなんだ……」「おでこが平らではいけないんだ……」というような気持ちにさせられるのです。

他にもSNSの流行により、加工された姿であるはずの、色白で目が大きくて顔の小さな女の子が、まるで身近な存在のように感じ、ついつい自分と比較してしまう人も少なくないはずです。

美容医療の行き過ぎた広告がなければ、SNSがなければ、容姿に対する悩みは今よりも少ないことは確かです。

このように、「美容ビジネス」や「ルッキズム（容姿や身体的特徴で人を判断する外見至上主義のこと）」の流れはますます加速しており、これらの文化がない国と比べると、私たちは容姿について自ら悩んでいるのではなく、〝何者かによって悩まされている〟ということがわかります。

とはいえ、残念ながらこれらの流れを止めることはできません。

では、どうすればいいのでしょう？

こういった流れに反してひときわ輝き、目を引く存在の人がいます。

それは、**「自分なりのキレイ」を体現している、センスが良い人たち**です。


例えば男女問わずこんな人に会ったことはないでしょうか？

顔立ちがすごく整っている訳ではなくても、持ち物や洋服が洗練されていて抜群におしゃれな人。

自分のどこが魅力的かを理解していて、素敵に魅せるのがうまく、振る舞いや言動から自信を感じられる人……。


私はデザイナーとして10年以上仕事をしているのですが、仕事柄このような「自分の魅せ方が上手い人」と出会う機会が多いように感じます。

いつ会ってもブレない自分の芯を持っていて、顔を合わせる度にかっこいいなぁと思いますし、魅力的で、真似したくなる憧れの存在です。

どうすればそんな風になれるんだろう?とよくよく観察していくと、彼ら・彼女たちには必ず自分の中に「美学」があり、「センス」を持っててしてそれらを表現していることがわかりました。

「美学」はその人の軸のことをいい、「センス」は優れた感性のことを指します。

この2つは目に見えないものであり、数値化できないものです。

そのため多くの人が「持って生まれたもの」や「自分には関係ないもの」として掘り下げようとしません。

ですが、実際のところ誰でも、いつからでも持つことができるのです。

まさか……!と思うかもしれませんが、本当なんです。

確かに優秀なデザイナーにはおしゃれな人が多いですが、全員が全員、元々おしゃれな訳ではありません。

デザインを学んでいく上で身につけてきたセンスを磨く習慣や、ちょっとした表現のコツを、自分の魅せ方にも落とし込んでいるから、魅力的に見えるのです。

つまり、自己ブランディングがうまいとも言えるでしょう。

そうなることで生まれるメリットは、たくさんあります。

まず、「センス」と「美学」を持っている人は、先ほども挙げたように自分らしい魅力を発揮することができます。

そして自分らしい魅力を発揮できると、自分に自信がつきます。

自分に自信がある人は、他人から見たときに「素敵だ！」と感じさせるオーラがあるように映ります。

自分軸がしっかりとあるので、必要以上に周りの人間やＳＮＳ上の人物と自分を比べて苦しくなることもありません。

本書ではデザイナー視点で、この「センス」と自分なりの「美学」の正体を明かしていきます。

ワークも多数用意しておりますので、できるところから手を動かし、考え、実践していただくことで、本を読み終わる頃には今より自分らしい魅力を見つけ、発揮できるようになることでしょう。

〝何者かによって容姿について悩まされている〟という状態から抜け出し、自分らしい魅力を発揮すること。

そして少しでも自分の容姿に自信を持てるようになること。

そのためのエッセンスを詰め込んだので、本書が自分自身の持つ本質的な美しさに気づくきっかけになりましたら幸いです。

CONTENTS

Part 2

「センス」を磨く

最短でセンスが身につく10の習慣

Part 3 「美学」を見つける

Part 4

「自分なりのキレイ」を体現する

Part

1

キレイになるために、今必要なのは「センス」と「美学」である

ほとんどの人が知らない「美しさ」の本質

なぜ「センス」と「美学」が必要なのかをお話しする前に、そもそも美しさとはなにか、一度考えてみましょう。「美しい人」とは、所謂モデルさんのようにスタイルが良くて、整ったお顔立ちのことでしょうか？

もちろんそれもありますが、決してそれだけではありません。

世の中には〝絶世の美女！〟というわけではないのだけど、〝オシャレで、自分の良さを生かした魅力的な外見の人〟がいます。

身近な存在の中にもいるかもしれませんし、アイドルや俳優、ミュージシャンなど芸の世界にはそういった方が多い印象です。

素材だけを切り取って見たら所謂キレイの要素が揃っているわけではないのに、自信があり、人の視線を集め、思わず「素敵！」と言ってしまうような人。

そんな、〝自分なりのキレイを体現している人〟というのが一定数存在します。

なぜお顔の造形が整っているわけではなくても素敵だと感じるのかというと、**本来、美しさとは多様なもの**だからです。そして、数学のように一つのゴールや正解があるものではなく、**洗練された〝表現〟の一つ**です。

ありのままの良さをそのまま残すのも一つの〝表現〟ですし、あえて強調したり、反対に隠したりするのも〝表現〟と言えます。

例えばお尻が大きいという身体的特徴に対して、目立たせるようなスキニーパンツを履くのか、目立たないようにふんわりとしたスカートを履くのか、そういった一つひとつの選択によって私たちは自分の容姿を表現しています。

また、造形だけでなく立ち振る舞いなどの行動も表現の一部です。

このようなあらゆる表現を組み合わせることで美しさはつくられています。

つまり、「キレイ（イケメン）」か「ブス」かだけで評価される単純なものではなく、おしゃれ、艶やか、ヘルシー、可愛い、個性的など、多次元にわたるものなので、誰もが自分の元々持っているものの良さを生かし、美しさを表現することができるのです。

そう考えると、実は誰もが「美しさ」を秘めていて、それを表に出せるかどうかは、魅せ方次第なのです。

そして、誰もが「自分自身を自由に表現して良い権利」を持っています。

① **美しさとは多様であり、洗練された表現の一つである**
② **誰もが美しさを秘めている**
③ **誰もが自分の美しさを自由に表現する権利がある**

この3つは「自分なりのキレイ」を体現する上で重要な前提のため、忘れずに読み進めてください。

評価軸が一つだけ

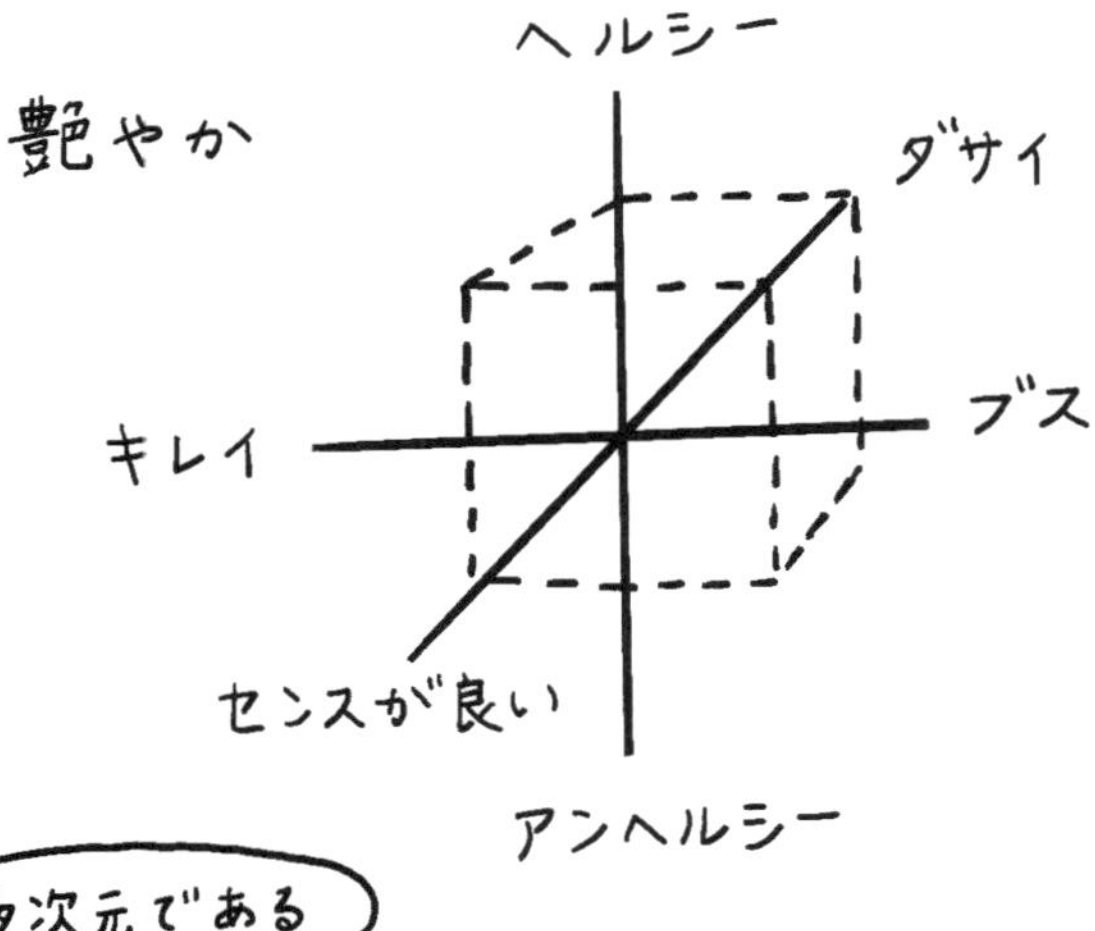

多次元である

申し遅れましたが、私はAPARTRY（アパートリー）というジュエリーブランドを運営するデザイナーのMIZUKIと申します。

普段はWEBやプロダクト、紙媒体などのデザインを本業にしており、会社員としても10年以上ジュエリーやインテリア、コスメなどあらゆる業界のデザインに携わってきました。

その傍ら、SNS上で美容や美しいもの、考え方について発信をしているのですが、そんな私がこの本を書くことにした理由は、SNSを通じて多くの人が「自分の容姿に自信がない」と悩んでいることを知り、力になりたいと思ったからです。

何を隠そう、私も「容姿に自信がない人」でした。

小学生の頃から、四方八方に伸びゆく無重力スタイルの癖毛で、ツヤツヤストレートヘアの人に存在する〝天使の輪〟とは無縁。5回ブリーチした後に黒染めでもしたかのように、痛んで見えるちぢれ毛でした。

顔にはギョッとするほどのそばかすが広がり、吊り上がった目は奥二重で小さく、歯並びはガチャガチャ……！

山と田んぼに囲まれたド田舎で生まれ育ち、ファッションセンスは皆無です。

そんな私は幼い頃から容姿に対するコンプレックスも強く、当時は人と話しているだけで自分の容姿が気になり、自信が無くなっていき、自分の存在が干し梅のようにしわしわと小さくなっていく感覚がありました。

完璧主義な性格も相まって、自分の欠点にばかり目がいき、今思えば醜形恐怖症（他人から客観的に見てそれほどの欠点ではないのに、本人が「自分は醜い」「人より劣っている」などという観念にとらわれて苦しむこころの病気）だったのかもしれません。

その反面、キラキラしたものや美しい人への憧れは強くなる一方で、高校を卒業する頃には美術（芸術）大学への進学を決意しました。今では10年以上デザイナーとして「美しいものを作ること」を仕事にしています。

デザイナーは感性を生かしてお金に変える仕事ですから、働く中で職場の同僚などを含め、周りには美的感覚に秀れ、センスが良い人が集まっていました。

そこで冒頭でお話しした、〝自分なりのキレイを体現している素敵な人〟にたくさん対面してきたのです。

その人たちは、自分に似合うものを知っていて、それでいてやりすぎないバランス感覚を持っています。

相手からどう見えるのか俯瞰できる視点も持っているので、ＴＰＯに合わせた素敵な装いをいつもできているし、流行は程よくキャッチしつつも、何年後かに写真を見ても古臭く感じないようなタイムレスな装いをしており、そのすべてがその人なりの美しさを体現していました。

皆堂々としており、一括りにカテゴライズできない、あらゆるタイプの「魅力ある人」たちです。

それまでの人生では「可愛い（キレイ）とはこういうものだ！　そうじゃないから

自分は違う！」と決めつけ、勝手に自信をなくしていた私でしたが、**そこで初めて自分の美的感覚がいかに狭かったのかに気がつきました。**

「自分が思っていた可愛いやキレイとは違う。なのになぜ、この人たちはこんなにも魅力的で素敵なんだろう？」

そう考えてみると、答えは明白で、彼女（彼）らは、自分という素材の生かし方を知っていたからなのです。

デザイナーは、商品があるとするならば、その商品の良さが一番素敵に見える魅せ方を考え、表現に落とし込むのが仕事です。そのことについて日々考え、あらゆる表現方法を知っているので、自分の魅せ方もデザインできるのは、当然と言えば当然かもしれません。

自分の美しさを体現できるかできないかは、その人の「センス」次第です。

そして流行に流されず、どう在りたいか、その軸を決めるのが「美学」の役割です。

つまり、センスを磨いて、自分なりの美しさの軸を持つことで、唯一無二の可愛さやキレイさを表現できる。

それを知り、私自身、自分なりに試行錯誤をしてきました。

その結果、「容姿に自信がない」というコンプレックスから解放され、今では自分の容姿を人と比べて落ち込んだりすることはなくなり、最近では容姿でお仕事をいただける機会もありました。

また、これまでの試行錯誤から編み出した、デザイナー視点での本質的な美容についてSNSで発信をしていくうちに、ありがたいことに「MIZUKIさんの投稿を見て参考にしていたら垢抜けた」や「自信を持てるようになった」というお声が多数寄せられるようになりました。

「美とは多様なものである」

ルノワールの絵も美しいし、ピカソの絵も美しいし、葛飾北斎の絵も美しい。

それぞれにしかない良さがあり、どれも素晴らしい価値があります。

ならば名画のように、誰も真似することのできない、自分なりの、自分だけのキレイを表現してみませんか？

「センスが良い美女」「センスが悪い美女」

自分なりのキレイを表現できている人とはどんな人なのか、もう少し詳しく説明しておきます。

女優さんやアイドルの画像で、垢抜ける前と後を比較されているものをSNSでよく見かけますが、「何をしたらこんなに可愛くなれるんだろう？」と不思議に思ったことはないでしょうか？

あれはまさにセンスと美学を用いて垢抜けた例だと言えます。

センスと美学があれば、同じお顔でも、髪型やメイク、時には整形で、良いところを生かし、そうでないところを煙に巻くことで、別人級に変われることを私たちはすでに知っています。

生まれ持った元々の素材は同じなので、変えたのは表現だけです。

センスが悪い美女は非常にもったいないです。

学生時代の同級生に、背が高くて、大きなぱっちり二重の目で、鼻筋がスッとした、造形だけで見ると圧倒的美人の女性がいました。ですが、彼女はとにかくいつも姿勢が悪く、洋服のチョイスやリップの色など、いちいち彼女の良さを殺すアイテムを身につけているせいで、素材の良さが曇ってしまっていたのです。そのせいで周囲からも「垢抜けないダサい人」として扱われてしまっていました。

このように、センスが悪いということは、せっかく持って生まれた魅力をないものにしてしまいます。

もし彼女が長い手足を生かしたファッションをし、顔のパーツに合ったメイクをし、美しい歩き方ができていれば、誰もが振り返る美女になっているでしょうし、もっと自分に自信を持った姿になっているところが安易に想像できます。

芸能人であれば、日頃から自分自身を客観的に見る機会や、世間からの容姿への評価を知る機会が多いので、自己理解が深まります。さらに、プロのスタイリストさんやヘアメイクさんに囲まれ、周囲にプロデュースされることで、徐々にセンスが磨かれ垢抜けていくでしょう。

しかし、一般人は芸能人のようにプロの手で磨いてもらえるわけではありません。

垢抜けたければ、自力でセンスを磨く努力をし、あえて自分で自分を客観的に見る機会を作り、自分の良さを理解し、自分でプロデュースしていく必要があります。

自分なりのキレイを体現できている人は、必ず自分で考え、行動している人です。

待っていても、誰もキレイにはしてくれません。

持っている自分の素材を生かすも殺すも自分次第なのです。

芸能人も一般人も、変化する度合いのパーセンテージでいうと同じです。

せっかくなら、今後は「センスが良い人」として、別人級に垢抜け、自分の良さを最大限に生かした人生のほうが良いと思いませんか？

そうすることで、自分に対する評価も、人からの扱われ方も確実に変わります。

容姿に自信を持てないのは、あなたの容姿が悪いからではない

自分なりのキレイを表現している人は、自己肯定感が高く、人と比べて落ち込むことがありません。なぜなら「私はこれを美しいと思う」という自分なりの軸（＝美学）をしっかり持っているからです。

では、なぜ多くの人がこの軸を持てないのでしょうか？

それは、冒頭で少しお話しした、美容ビジネスや世の中のルッキズム、ＳＮＳが大きな原因です。ビジネスによって自信がない状態を作り出されてしまっているのです。美容は非常に大きな市場規模であり、特にアジアは世界的にみても年々増加傾向にあります。

裏を返すと、世の中に「〝自分の容姿に自信がある人〟が増えると儲からなくて困ってしまう人」が年々増加しているとも言えます。

洋服、コスメ、髪型、顔……などなど、見た目にまつわるすべてにおいて、業界全体で〝流行〟を作ることで、私たちはなんとなく頭の片隅で「今のままではいけない」と思わされるようになっています。

整形など美容医療も同じで、「中顔面（目の下から上唇までの距離）が長い顔は美しくない」だとか、「人中（鼻の下）は短くないとダメだ」などという発信を多く見かけますが、そういった言葉のせいで「自分の容姿ってダメなんだ」と思わされる人が少なからずいます。そう思う人が増えれば増えるほど儲かるので、画一的な美しさを押し付ける人が増えているのです。

どれもお仕事なので、一概に悪いことだとは思いませんが、**流行に振り回されて自分に自信をなくさないためには、少なくとも消費者側が「美容ビジネスとはそういうものだ」と理解しておくことが大切です。**

もう一つ知っておいていただきたいのが、ＳＮＳの仕組みです。ＳＮＳは一部の意見があたかも自分が生きている世界の総意のように感じてしまいがちです。

なぜなら、一度見た内容と同じような投稿ばかり流れてくるようにアルゴリズム化されているからです。例えば二重整形について調べると、同じ内容ばかり流れてきてしまい、「二重瞼がどんなに魅力的か」という情報が届かなくなります。

WEBサイト上に表示される広告も同じです。一度調べたものやクリックしたページの広告が、その後も流れてくるように設定されています。自分と興味関心が異なる人のタイムラインには、全然違う世界が広がっています。機会があれば、試しに見せてもらってください。


つまり、このような偏った意見ばかりを自分の中に取り込んでしまうことが、美的感覚をニブらせ、自己肯定感が削られる原因の一つなのです。

自分軸を持つためにも、まずはこういった現状を知ることが大切です。


自分の容姿が生まれつき悪いからいけないんだと思っていませんか？

それは違います。

容姿に自信を持てないのは、決してあなたの容姿が悪いからではありません。

すべての美容がそうだとは言いませんが、一部の人たちがお金のために流行を作り、さらにSNSによって**表面的で偏った狭い美的感覚になってしまっている**からです。

もちろん、それを理解した上で、自分が本当にどうなりたいかを考え、どんな選択をするかは個人の自由です。自分自身が心から楽しんでいるのであれば、流行を追いかけその都度取り入れるのも良いでしょう。私も流行りの髪型やファッションにチャレンジするのは、新しい自分に出会えるような気がして好きです。

しかし、流行は流行と分けて考え、国や文化など狭い価値観で作り上げられた偏った美的感覚は捨てて、冷静な視点で美しさを観察してみましょう。

「こうじゃなきゃキレイじゃない！」という思い込みを一度手放し、感覚をフラットにすることで、自分自身の本当の良さを見つけることができます。

「美学」が人の在り方を決め「センス」でそれを表現する

価値観がフラットになったところで、どのように自分なりのキレイを表現していくのか考えていきましょう。先ほどお伝えしたとおり、そのために大切なのは「センス」と「美学」です。

まず、「センスが良い」とはどういった状態のことでしょうか?
それは単純にハイブランドのバッグを持っていることでも、高級車に乗っていることでもありません。

「センス」の良さとは、あらゆる選択肢の中から最適解を選択できるということです。

自分の顔立ちに合ったメイクやヘアスタイルはもちろん、「このトップスにはこのスカートが合う」とか、「この色にはこの色を合わせる」などもそうです。

他にも、オフィスなのか休日のバカンスなのか、シーンに合わせた装いができることも、センスが良いと言えます。

細かく見ていくと本当に多岐にわたるのですが、あらゆる事情において、パズルのピースがピタッとハマるかのように、ベストな選択をしている人のことを、側から見ると「あの人はセンスが良いなぁ」と感じます。センスの良さとはそういった優れた感性のことを表します。

では、「美学」と聞くとどういった印象を受けますか？
普段あまり口にしない言葉なので、「ハードルが高そう」「意識が高い人だけが持っているもの」「キレイな人じゃないと持ってはいけないもの」などといったイメージがあるかもしれませんが、これもそんなことはありません。

実は、誰の中にも「美学」は存在しています。
なぜなら**「美学」はその人の在り方を示すもの**だからです。

例えば、「品のある行動や選択をする」という美学を持っている人は、お食事のシーンで、顔を斜めに向けてワインを飲んだり、お肉を小さく切ってゆっくり丁寧に口に運ぶなどの上品な振る舞いをします。逆に、ビール片手に豪快に肉を食らう男性がいたとしたら、その人は「ワイルドな行動や選択をする」という美学を持っています。

実はどんな人も、この「美学」にのっとって日々あらゆる選択をし、行動しています。自分は何を美しいと思うのか、それをどのように表現するのか決めるのが「美学」の役割です。

美学がないと、ギャルの歌姫が流行れば金髪にし、ナチュラルな女優が流行れば黒髪にします。そこに自分の意思はなく、「みんながこれがいいって言ってるから」という理由で自分以外の誰かが思うキレイを表現しようとしてしまいます。

これでは自分なりのキレイは表現できませんし、自分に軸がないので、いつまで経っても自信を持てなくて当然とも言えます。

「自分なりの」というからには、「自分はどう在りたいか」を持たない限り、どれだけセンスを磨いても意味がないのです。

逆に「自分はこう在りたい」をという想いを持っていても、センスがなくてそれをどのように表現していいかわからなければ、うまくいきません。

「こう在りたい」という自分の「美学」と、それを表現するために必要な「センス」。

どちらか一方ではなく、このふたつをバランスよく持つことで自分なりのキレイは初めて表現されます。

「センス」と「美学」は生まれつき持っているものではない

こう聞くと、「いやぁ、私は昔からセンスがないから無理だよ」とか、「美学ってなんだろう……そんなのわからないよ」と思われるかもしれません。

「センス」は生まれながらに持ち合わせるものだと思っていたり、「美学」なんて言葉は自分とは縁遠いものだと感じていたりする方が非常に多いです。

ですが、これは両方間違っています。

「センス」は誰でも身につけることができますし、「美学」は誰の中にも存在しており、今から新しくつくることもできます。

そう言えるのは、容姿に自信がなかった私が、美大で学び、デザイナーとして働く中で「センス」の磨き方を知り、試行錯誤する中で、自分の「美学」の見つけ方を知ったからです。

私は田舎のごく一般的なサラリーマン家庭で育ち、生まれつきセンスがあったわけでも、センスの英才教育を受けてきたわけでもありません。それでもデザイナーとして10間年働き続けられているのは、後天的にセンスを学び、身につけたからです。

私自身、元々は美学なんてものはなく、学生時代は周りの友達が変わるたびに、そのコミュニティに合わせたメイクやファッションをしていました。

周りがギャルならギャルファッションをし、そうかと思えば全く似合わない古着系ファッションをしていた時期もあります。

周りが好きなものを自分も好きだと思い込んでいたので、本当は何が好きだとか、何が似合うかなんて、考えたこともありませんでした。自分に軸がなく、常に周囲に答えを見出しているような状態です。それでは自分の「美学」なんて見つかりません。

10代の頃の写真を見返すと本当に芋っぽく、ダサいファッションに身を包み、全く似合っていないメイクをしており、完全に黒歴史だと感じます……笑

それに比べて、今は随分センスが磨かれ、自分の中にブレない軸のようなものが確立されてきたように感じます。そして、自分でそう感じられるようになった分だけ、人からも「センスが良い」や「キレイ」と言われる回数が圧倒的に増えました。

もちろん、今でもまだまだセンスを磨いたり美学を洗練させていく旅の途中。しかし、学び方や向き合い方さえ知っていれば、どんどん自分の魅せ方がうまくなります。その結果、何歳になっても自分史上一番イケてる外見を更新できるので、年齢を重ねるのが怖くなくなりました。年齢のフェーズごとに表現する美しさは変わるので、むしろ年齢を重ねることが楽しみで仕方がないのです。

「センス」と「美学」という言葉を前にして多くの人が怯んでしまう理由は、義務教育の勉強で身につけ方を教えてもらえないからだと私は考えています。

しかし、スタイリストやメイクアップアーティストなど、それを仕事にしている人がいる以上、必ず学ぶ方法があります。

確かに一朝一夕で身につくものではありませんが、今この瞬間からいくらでも身につけることができます。ぜひ本書を通して「センス」を磨く習慣と、「美学」の見つけ方を自分のものにしてください。

「好き」であることと「美しい」ことは別物

最初に書いた通り、美とは多様なもので、人にはそれぞれの美しさがあります。これを理解しておくことが、センスを磨き、美学を見つける第一歩です。

例えば、テレビでよく見かける人気女優のAさんは確かに美しいですが、モード系の雑誌に載っている個性的な顔立ちのモデルのBさんも、奇抜なメイクやファッションをかっこよく着こなせていてとても素敵です。

もし「Aさんは美しいけど、Bさんは美しいとは違うんじゃ……?」と感じるのであれば、それは**美的感覚が狭く、センスがない証なので、もっと広く世の中を見る目を持って、感性を養う必要がある**と思います。

センスがない人の特徴の一つとして、**「好き」であることと、「美しい」ことを混同している**パターンがあります。反対に、センスが良い人にとって「好き」と感じるかどうかと、「美しい」と感じるかどうかは全くの別物です。

センスがない人は、「私は女優のAさんが好き。美しいから。モデルのBさんは好きじゃない。美人じゃないから」と感じますが、センスが良い人は「私は女優のAさんが好きだし、美しいと思う。一方個性的なモデルのBさんについては、〝好き〟ではないけど〝美しさ〟はわかる」と感じており、Bさんの美しさを説明することができます。

「好き」と感じるかどうかは、国や文化、時代によって変化しますし、個人単位でも変化するものです。ざっくり分類すると日本や韓国ではほっそりとしたスタイルが好まれていますが、海外のとある国では豊満なボディが好まれるように、見る人によって基準が違うのが「好き」です。

日本に住んでいるとアイドルのような痩せ体型のほうが好まれることが多いので、自分も周りもそれを「美しい」と感じていますが、国が変われば「その体型の何がいいの？　全然素敵じゃないよ！」と思われる。

ということは、自分の感じている「美しさ」には少なからず自分自身や自分が置かれている環境から生まれる「好き」が影響しているだけなのです。

つまり、自分が好きじゃないからと言って、美しくないという事実にはなりません。

誰かに「ブス」と言われたとしても、その言葉を言った相手が「好きじゃない」だけで、ブス（＝美しくない）というわけではありません。

もし、そのような言葉を投げつけられて傷ついた経験を引きずっているなら、「あれは〝好き〟と〝美しい〟をごっちゃにしてるダサい人間の、単なる一意見だったんだ」と捉えましょう。

そんなダサい感性は捨てて、自分なりの美しさに目を向け、それを表現できるようになるためにも、ぜひ本書を活用していただければと思います。

ちなみに、私は自分自身のことは好きですが、顔の造形そのものが好きかと言われたら「はい」とは言いづらい部分があります。私が好きな容姿は自分の顔のジャンルとは違うところもあるからです。

でも、自分の顔の良いところがどういったところかはきちんと説明ができますし、人から見たときにどんなところが魅力的に映っているのかも、正確に把握しています。

自分の容姿を好きになれなくても、自信は持てるし、美しさは磨けます。自分の容姿の造形が好きでなくとも、自分自身のことを好きになることはできます。

大丈夫です。思いっきり、自分なりの美しさを見つけましょう。

〝美しい〟と認識されているものは必ず「大切に」される

ところで、人はなぜキレイになりたいのでしょうか？

「鏡を見てテンションが上がるようになりたい」
「容姿が良いことで得をしたい」
「自分に自信を持って、今より自分のことを少しでも好きになりたい」
「芸能人やモデルになりたい」

このように、キレイになりたい理由は人それぞれにあると思います。
確かにキレイであることには多くのメリットがあります。

その中でも、「美しさ」について学び、仕事にしている私が思う「キレイであることの最大のメリット」は**「人から大切にされること」**だと感じています。

それはつまり、「人に雑に扱われないこと」とも言い換えることができます。

自分に軸を置き、自分で自分のことを心から美しいと信じられると、**「傷つけてくる人を寄せ付けない強さ」**と、他人に**「傷つけてはいけない存在で、雑に扱ってはいけない存在だと思わせる力」**の両方が手に入ります。

例えば、お付き合いしている彼から何度もモラハラとも取れるような傷つく言葉を浴びせられたり、ないがしろに扱われてしまったり、浮気を繰り返されたりするような経験をしたことがある人もいるかもしれません。

大切にされたいはずの相手にそんな風に扱われると、誰だってひどく傷ついてしまいますし、そんな思いはしたくないですよね。

もしも、自分で自分のことを心から美しいと信じていたら、そんな風に傷つけてくる相手を大切なパートナーに選ぶことは絶対にありません。最初のうちに少しでも違和感を感じたら、きっぱりと離れることができます。

シンプルに考えると、自分のお気に入りのキレイなティーカップがあったとして、それをわざわざ不安定な場所に置いたりしないでしょうし、故意に割ろうとしてくる人がいたら近づけませんよね？

キレイなものは「絶対に壊したくない！」と思い、守ろうとするはずです。

なので、自分で自分のことを心からキレイだと思うことは、何度も傷つけてくる人間を身近に置かない自分になることができます。

変な人間を寄せ付けないために、最も大切なマインドです。

ちなみにこのとき、**一般的に見てキレイかどうかは重要ではありません。**自分が自分のことをどう捉えているかだけでいいんです。

なぜなら、世の中のほとんどのまともな神経の人は、**誰かが〝美しい〟と心から信**

じているもののことを無意識のうちに大切にしようと思う習性があります。

美術館に飾られている絵画を見て、中には「なんだこれ?」と感じるような、自分にはその美しさがまだ理解できない作品に出会うこともあるでしょう。

しかし、「きっと誰かにとってはとても美しいものだと思われているから、立派な額に入って、丁重に飾られているのだろう」ということがわかります。

そうすると、わざわざその絵を雑に扱おうとは思わないんです。

「もしうっかり壊してもたら、すごく怒られそうだな」

「所有者をがっかりさせてしまうだろうな」

という考えが頭に浮かんで、触らないようにするはずです。たとえ自分が美しいと思っていなくても、運べと言われたら慎重に運ぼうとしませんか?

私たちはなぜか、美しいものや、誰かが美しいと信じてやまないものは、丁寧に扱うのです。

だからこそ、**自分で自分の美しさに気づき、表現し、その美しさを心から信じること（＝自分に自信を持つこと）は、人から大切にされることにつながります。**

「他人に大切に扱われたければ、自分を大切に扱う」とよく言いますが、その所以はこの原理にあると思います。

もし自分で自分のことを美しいと思っていなくても、他人に美しいと思われたなら大切にされるでしょうが、あくまで自分に軸を置くことをおすすめしています。

なぜなら年齢に応じて容姿は変化していくものですし、世の中の多くの人は「好き」と「美しい」を混同しているセンスがない人なので、相手がどう感じるかは時代や環境によって変わる可能性があるからです。

前置きが長くなりましたが、ここからが本番です。自分のことを心から美しいと信じられるようになるために、「センス」と「美学」を身につける方法を一緒に学んでいきましょう。

Part 2

「センス」を磨く

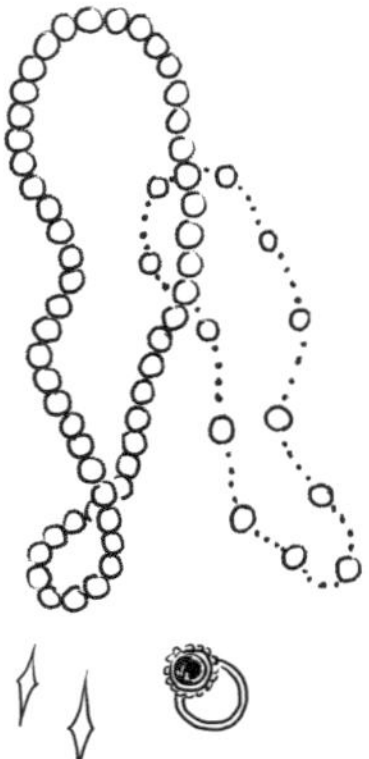

センスを磨くために最も大切な「知識」と「経験」

最初に大切なことをお伝えすると、センスは才能ではなく、「知識」の量と、「経験」の数です。

デザイナーという仕事をしていると、そうではない方々から「ＭＩＺＵＫＩさんはセンスがあるからなぁ。自分もそんな風に（生まれ持った才能で）仕事をしたいよ」と言っていただく機会は珍しくないのですが、私が思うに、**センスがない人は基本的にただの努力不足です。**

生まれながらセンスがあるデザイナーなんてどこを探してもいません。

ただ、センスに関しては「勉強をすればいい大学に入れる」とか、「走り込みをすれば体力がつく」のように、どうすればそうなれるのか？　という正しい努力の仕方があまり知られていないから、なんとなく「センスは才能だ」と思っている方が多いだけのように感じます。

上京し、デザイナーとして働き始めたとき、私にはセンスなんてものはほとんどありませんでした。

デザイナーとして採用されたってことは、多少なりともセンスがあったからなのでは？　と思われるかもしれませんが、当時の採用担当者に話を聞くと、「この子は努力ができそう」と思われたところが一番の決め手だったそうです。つまり、センス採用ではありません。

そして働き始めてから、**センスを磨くために一番大切なことは、「知識」の量**だと知りました。

人間が本能的に「美しい」と感じる法則はたくさん存在するので、それらをとにかく数多く知っておくだけでも、センスは磨かれます。

例えば、配色などカラーコーディネート。

「同じくすみ系カラー同士は合わせても違和感がない」とか「寒色系だけを使うとまとまりがでる」というのはなんとなくわかると思います。

色相環（虹色の順番「赤↓橙↓黄↓緑↓青↓藍↓紫」に赤紫を加えて、リング状にならべたもの）やカラーチャートの中でも近しいもの同士は合うという法則です。

他にもクリスマスをイメージしてわかるように、赤と緑など、反対に位置しているものも合います。

また、これらとは違い、色が近くなくて、統一感がなくても「キレイだ」と感じる組み合わせもあります。

例えば、明るい空の水色と落ち葉のくすんだ茶色のような、色相環でみると一見相性が悪そうな色味も、自然界に存在し見慣れている配色であれば、人間はキレイだと感じたり、見ていて落ち着いたりもするのです。

配色一つにしても、このような決まったルールがたくさんあるので、優秀なデザイナーほどそれらを学び、それぞれの配色がどのような印象を与えるのか、という知識をストックしています。

また、**知識を持っておくだけではなく、経験にしていくことも重要です。**

配色の知識を得たら、お洋服でトライしてみる、絵を描いてみる、写真をとってみる……など、知識を経験に変えることで初めて表現できる力になります。

早く走る方法を知っていても、実際にその方法で走ってみなければ足が早くならないのと同じです。

これから、センスを磨くためにおすすめの10の習慣をご紹介するので、ぜひ日常に取り入れてみてください。

最短でセンスが身につく10の習慣
1

目的意識を持つ

センスが良い人の特徴として、この**「目的意識を持っている」**というのがあります。

お洋服一つにしても

- **今日は誰と会い（Who）**
- **どこに行くから（Where）**
- **自分をこのように見せるために（Why）**
- **これを着よう・このようにメイクしよう（What / How）**

という具合に、意味や目的を持って選択しています。

「とりあえず自分はいつもこのファッションだから」という理由で毎日同じような洋服を脳死で選ぶことはしません。

例えば、「今日は女子会（When）、行くお店は恵比寿のイタリアン（Where）、照明は暗めだし、あのメンバー（Who）なら毎回写真を撮るだろうから、ちゃんとカメラに映るくらいに（Why）メイクは濃いめにして行ったほうが良さそう（How）」

このような感じで、**5W1Hを意識すれば、誰でも簡単に目的意識を持つことができます。**

「じゃあ、あの有名なAppleのスティーブ・ジョブズは？　いつも同じ洋服を着ているじゃないか！　彼にセンスがないってこと？」という反論が聞こえてきそうですが、スティーブ・ジョブズさんが毎日同じ洋服を着ていた理由は「毎日同じ服を選ぶことで、洋服の選択に時間をかけることを避け、他の重要な意思決定に集中するため」という目的があります。また、印象を統一する自己ブランディングの側面もあります。

決して、無意味に、とりあえず同じ洋服を着ている訳ではありません。

このように、**センスある人はどんな選択にも必ず目的意識を持っており、「この目的に対して、一番何が最適解か」を考えています。**

ちなみに、この「目的をよく考えて、最善のものを決断する」という行為は、実は非常に疲れます。調べ物も増えますし、手持ちのものでは再現できずに途方に暮れることもあります。予算も限られているのでお金の計算も必要になるでしょう。

特に現代は良いものにあふれ、選択肢も無限にあるため、その中から選ぶというプロセスはとても大変。はっきり言って面倒です。

でも、だから、センスがない人は努力不足なんです。

「大変だから」と言って避けていては、いつまで経ってもセンスはよくなりません。

モデルのローラさんはハイセンスでいつもおしゃれな印象ですが、ご自身のファッションルールとして、「手持ちの洋服で同じコーディネートを2回しない」と決めているそうで、絶対に毎日違う組み合わせにするのだとか。

そんな風に毎日どうしようかと考える習慣がある人と、そうでない人とでは、前者のほうがオシャレになっていくに決まっていますよね？

筋トレと同じで、センスも脳に汗をかきながら考え、実際に行動に起こすことでどんどん鍛えられていきます。

最初は大変かもしれませんが、意思を感じられる選択は、感度の高い人には必ず届きます。

「このお店暗いけど、だからこそアイシャドウのラメが際立ってキレイだね！」と褒められたり、「今日デートだからその洋服にしてきてくれたの？　僕の好きな感じだ。すごく可愛いね！」と言ってもらえたりする機会が増えます。そうするとモチベーションも上がり、どんどん楽しくなってきます。
この「楽しめるフェーズ」になると、センスが良くなるスピードもどんどん上がっていくので、楽しんだもん勝ちです。

Action

□コーディネートの目的を5W1Hで言語化してみる
□同じ洋服で、異なるコーディネートをいくつか考えてみる
□人のファッションやヘアメイクを褒めて、こだわりポイントを聞いてみる

最短でセンスが身につく10の習慣

2

「普遍的な美しさ」を知る

先ほど挙げた配色のように、人間が大昔から変わらず「キレイだ」と感じるものがいくつか存在します。そういった「普遍的な美しさ」にはたくさん触れ、知っておくことはセンスのもとになります。

例えば、オードリー・ヘップバーン。

今も昔も、世界中にファンが多く、まさに普遍的な美しさを持つ女性と言えます。その理由は様々に語られますが、一つはシンプルで上品なファッションがタイムレスで、流行に左右されないところにあります。

また、彼女も自分の容姿にコンプレックスが多かったからこそ、魅力的に見えるための研究をひたすらしたそうです。目が小さいから、スクリーンに映る自分の姿を見て、一番魅力的に見えるアイメイクをしたのだとか（どんなアイメイクなのか気になりますか？　ぜひ知識を増やすために調べてみてください）。

このように、**長く愛されているものには、必ず惹かれる理由があります。**

センスを磨きたければ、長く愛されているものを、ただ「へー、人気なんだな」で終わらせず、実際に触れて、「なぜ人気なのか？」と考え、調べる癖をつけましょう。

長く語り継がれている往年の映画で、もし観ていないものがあるなら観てください。

シャネルのツイードジャケットなど、変わらず人気のあるスタイルの洋服なども「自分には似合わないから」と毛嫌いせずに袖を通してみましょう。

なぜなら触れることでしか感じることができない良さがあるからです。

知識を経験に変えることで、感性が養われ、センスは磨かれます。

また、長く愛されるものには人間の本能に訴えかけるものもあります。

例えばミュシャの絵画など、アール・ヌーボーの様式を観てみると、人間は女性の体の美しい曲線に惹かれるということがわかりますし、その後訪れたアール・デコの様式を観てみると、人は左右対称で規則性のあるものに惹かれるということもわかります（つまり外見も左右対称なほうがキレイと感じやすい、など）。

これらは、人間が子孫を残すことを目的にした生き物なので、健康的な状態を美しいと感じる側面があるところに由来します。

長く愛されるものには、本能が関係しているものも多く、それらをうまく作品に落とし込む工夫がされています。

ただ、決して「普遍的な美しさ」がすべてではありません。

健康的でないものは美しくないのか、と言われればそんなことはありませんし、健康美もまた、答えのない〝表現〟の一つです。

ある程度、時代や国に関係なくみんなが良いと感じる「美のスタンダード」を理解し、その理由を知っておく。

その上で、今の時代や自分の個性にフィットする表現に変えるということが大切です。

実際に、みんなが良いと感じるものを知っている人と知らない人がする表現を比べると、洗練されている度合いが全然違います。

センスが良い人は、解像度が高く、表現は自由。

長く愛されるものへの理解度は高くしておきましょう。

Action

□有名な古い映画を観てみる
□花や植物など、自然が生む美しさを観察してみる
□長く愛されているハイブランドのアイテムに触れてみる

最短でセンスが身につく10の習慣
3

美術館に行く

普遍的な美を知るのにおすすめなのは、やはり美術館に行くことです。

美術館に行くと、多くの作品に触れることができますし、解説がついているので、それらが美しいとされている理由を知ることができます。

44ページで、「好き」と「美しい」は分けて考えるべきだとお伝えしましたが、美術館に行ってもどんな風に鑑賞して良いかわからない……という方におすすめなのが、**自分の直感で「好き」・「嫌い」を素直に感じることです。**

その上で、自分がこの作品が好きなのはなぜか？

この作品は嫌いだけど、なぜ美しいとされているのか？
そんな思考を巡らせましょう。

また、美大時代の教授に言われて印象に残っているのが「よくわからなくてもいいから、とりあえず観ておけ」という言葉でした。

当時はよくわからないのになぜわざわざ足を運んで見ておく必要があるんだろう？と思っていたのですが、スマホの画面や本で観るよりも、実際に作品と向き合ったほうが、自分の中に残ります。

そのときは理解できなかったとしても、自分の人生のフェーズが変わったり、必要な場面があったときに、点と点がつながることがあるのです。

例えば私は大学時代、滋賀の深い森の中にある「MIHO MUSEUM」という美術館に行きました。

その美術館には、入り口に非常に大きなトンネルがあり、これまでの風景と打って変わって、一気に違う世界へ没入させられるものでした。

そして数年後、海外の「ロスト・エモーション」というSF映画を観たときに、そのトンネルが登場したのです……！　実際に足を運んでその空間に自分がいたからこそ、よりそのシーンに対する解像度が上がり、入り込むことができました。

当時は「すごいトンネルだな～」と思うだけで終わっていたのですが、「海外のSF映画にも使われるほどすごい場所なのか。誰が建築しているんだろう？　その人が他に作った建築はどんなものなのだろう？」と調べ、知識が増えるきっかけにもなりました。

きっとあのトンネルを雑誌やSNSで見ただけでは、映画を観てもピンとこなかったと思います。

この話は容姿とは関係ないですが、こんな風に後々になってつながることがあるので、よくわからなくても、美術館で実際に作品を観てみてください。自分の感性のもとなり、しっかり蓄積されていくはずです。

それは無意識のうちに、インテリアのセンスに出るかもしれませんし、洋服のセンスに出ることがあるかもしれません。美的感覚を磨くために、ぜひ美術館に行くことをおすすめします。

Action

□近くの美術館に行ってみる
□日本全国や世界の美術館で「いつか行ってみたいリスト」を作ってみる
□一番惹かれた作品の理由を考えてみる

最短でセンスが身につく10の習慣

4

様々なジャンルの雑誌を読む

月に何冊、雑誌を読みますか？

大体の人は、1〜2冊程度、いつも決まった雑誌を読むかと思います。

これでは、アルゴリズム化されているSNSを見続けているのと何ら変わりません。

私はデザイナーになってからは月10冊以上目を通すようになりました。

ティーン向けのコスメの広告をデザインすることもあれば、バイク好きの男性のシルバーアクセサリーをデザインすることもあれば、インバウンド向けのホテルの内装を担当することもあったので、あらゆる人の感性や暮らしを知っている必要があり、そのためには雑誌が最も手っ取り早かったからです。

美術館のように、実際に違う文化の人の集まりに足を運んだり、体験してみるほうが、感性を養うためには理想的ではありますが、時間に限りがあるので、流行に左右されやすいラフな情報はとにかく早く、数多くインプットをしたほうが効率が良いです。

この習慣の何が良いかというと、例えば、私にはお着物を着る習慣は全くないのですが、お着物を着る文化がある人は何歳くらいの方が多くて、興味関心が何で、どこに出かけ、どのようなジュエリーを身につけるのかを知っています。

そうすると、突然お着物を着る機会があったとしても「あなた、センス良いわね」と言われる着こなしができるのです。

興味がない分野の雑誌を読みこむのはなかなかつらいものがあるので、パラパラとめくりながら見るだけで大丈夫です。

ひとつだけ特に注目していただきたいものがあるとするならば、〝言葉〟です。

「アフター5を楽しむキレイめOLの着回しコーデ1週間」とか、「ジュワッとチークで、湯上がり女子」のように、雑誌は装いの目的をあらゆるキャッチコピーで表現してくれています。

このような言葉のストックを増やすことで、より明確に異なる文化や感性を理解することができますし、自分が目的意識を持って何かに取り組むとき、違った文化のボキャブラリーもあったほうが的確に表現できます。

他にも、以前私より10年以上先輩で、センスが良く、社内でも評判はよかったデザイナーの先輩が「この間、ギャル向けのメイク雑誌を買ってやってみた。基本的には全然似合わなかったけど、このつけまつ毛はすごく自然で可愛かったのよ」とその先輩に合ったキレイなまつ毛を見せてくれました。

本人に全然ギャル要素はないのですが、ギャルの文化を知り、試して、自分に合ったものだけ取り入れる。という一連の流れを行うことで、より魅力的になった良い例だと思います。

最近では電子書籍のサブスクリプションがあり、本屋さんで立ち読みしづらいような雑誌も気軽に読むことができます。利用している方はぜひ、普段は見ないような文化に触れてみてください。新たな発見があるかもしれません。

Action

□本屋さんで読んだことがない雑誌を開いてみる
□いつも読んでる雑誌の言葉をしっかりと読み込んでみる
□美容室に行ったときに、いつもと違う雑誌をたくさん持ってきてもらう

最短でセンスが身につく10の習慣

5

その道のプロにどんどん出向く

最近、パーソナルカラー診断に行く人が非常に増えたように感じます。私も行ったことがありますが、自分に似合う色や洋服が何で、それはなぜなのか、どんな印象を持たれるのかなど、第三者の意見を深く聞くことができて、自己理解が深まる良い経験でした。

このように、お金を支払って容姿に関するその道のプロに手がけてもらうことは、センスを磨くのに非常に有効な手立てだと思います。

百貨店の美容部員さんにメイクしてもらう、東京のトップスタイリストに髪を切ってもらう、ショッピング同行を頼む……など、「私なんて」と思わず、気になる人がいたら思い切って会いに行ってみましょう。

「すごく良くなった！」と思うことがほとんどでしょうが、プロと言えど、仕上がりに「あれ？」と感じることもあるでしょう。

似合わなかったからといってそのままにしてしまうのは非常にもったいないです。なぜなら、**どんな結果でもセンスを磨くチャンスが潜んでいるからです。**

「似合ってる！」と感じられる仕上がりになったなら、なぜそのようにしたのか聞いてみることで、自分の良さに気がつくきっかけにもなりますし、プロのセンスを学ぶ良い機会になります。

反対に、「これはちょっと変じゃない？」と思う仕上がりになったときこそ、「なぜ似合わないのか」について考える良いタイミングです。

お金をかけて失敗するのは確かにショックですが、私はあえて、いつもより真剣に分析します。どんなにセンスが良い人も、初めから成功体験ばかりだったわけではありません。当たり前にたくさん失敗もします。ですが、**失敗を失敗で終わらせないか**

らセンスが磨かれるのです。

以前、ベージュのヌーディーな色味のネイルにしたことがあり、それがとてもキレイだったので、違うネイルサロンにいったときも「ヌーディーなベージュで」とオーダーしたことがありました。

にもかかわらず、実際には爪が変に明るく浮いて見え、以前塗ったときより手の甲がくすんで見える仕上がりに……！

ヌーディーなベージュであることには変わりないのですが、ほんの少しの差で見え方が違う。「なぜ!?」と思い、以前のネイルと写真で比較したところ、以前のネイルはクリアを混ぜており、少し透明感がある自爪に近い色味で、手の甲の肌色よりもくすみ感が強いベージュカラーでした。透明感があることでジェルネイル特有のツヤを感じ、ぷるっとした瑞々しい印象に。また、手の甲より爪のほうがくすんだ色味なので、肌が全体的に明るくキレイに見えたのです。

それに比べて今回は、透明感のないベージュで、肌の色味よりも明るい、ややピンクがかったものでした。

微妙な差なのですが、そのちょっとした違和感に気づき、理由を考えることでもセンスは磨かれていきます。プロをうまく使うことで自己分析の材料になりますし、プロのセンスを学ぶ機会にもなるので、積極的に手をかけてもらいましょう。

先に挙げたネイル以外にも、「プロから学ぶ場」はたくさんあります。

- **友達に聞き込みをして、対応が素敵な美容部員さんがいる店舗に行く**
- **美容室ではトップスタイリストを予約してみる**
- **人気のメイクアップスタジオに行く**
- **パーソナルカラーや骨格診断に行く**
- **メイクアップアーティストやモデルが登壇するイベントに行く**
- **たまにちょっといいお値段のネイルサロンに行く**
- **「似合わせ」が得意な眉サロンに行く**
- **美容皮膚科でカウンセリングを受けたり、機械で肌年齢を測ったりしてみる**
- **デートや女子会の前に、たまにセットサロンを利用する**

● おしゃれなアパレル店員さんと仲良くなって、似合うものを提案してもらう
● 結婚式に参列したら、帰りにそのままの装いでハイブランドのジュエリーショップに入り接客を受ける
● ランジェリーショップや補正下着サロンに行き採寸してもらう
● パーソナルのトレーニングやヨガスタジオの体験に行く

無料のものからお金がかかるものまで様々ですが、ぜひ挑戦してみてください。

Action

□リストの中から気になったものを来月予約する
□似合わなかったときの理由を考えてみる
□いざというとき頼れるプロを1～2人つくっておく

最短でセンスが
身につく10の習慣
6

センスが良い人と行動をともにする

身近にセンスが良い人はいますか？　もしいるならとてもラッキーです。友達や恋人になって、たくさん行動をともにしてもらいましょう。

私自身デザイナーの友人や先輩に「休日のお出かけに便乗させて！」とお願いし、たくさん勉強させてもらいました。友人たちには本当に感謝の気持ちしかないのですが、正直この習慣が一番センスが磨かれる習慣だったのではないかな?と思います。

センスが良い人が誘ってくれる場所は、漏れなく素敵です。

映画のチョイスにしろ、カフェにしろ、アパレルショップにしろ、その人のセンスで厳選した素敵な場所をたくさん教えてくれます。

また、**その場所に行きたい理由やその場所を知るに至った経緯を、深掘りして聞いてみる**ことで、センスが良い人は普段どんなところから情報を得ていて、何を見て、どう感じるのかを知る良い機会にもなります。

それらを知ることで自分の知識がどんどん増えていくので、自分のセンスも磨かれていきます。

友人になることに成功したなら、ただ一緒に行動するだけではもったいないので、「なぜこの映画監督が好きなの？」「他にも気になっているお店はあるの？」「なんでこれを素敵だと思ったの？」と、こだわりを聞いてみてください。

そうやって、おしゃれな人の感性を自分にインストールしていきます。

また、一概にセンスが良いと言っても、「服のセンスが良い」「メイクのセンスが良い」「インテリアのセンスが良い」など、色々な分野に特化した人がいると思います。

すべてを兼ね備えた人である必要は全くないので、服のセンスが良い友達には一緒にお買い物に行き意見をもらいますし、インテリアのセンスが良い人にはカフェに行って素敵なポイントについて聞いてみます。

センスが良い友人は何人いても良いので、「このことについてはあの子に聞こう！」と思える、頼りになる友人をたくさん作れると良いですよね。

そんなことを繰り返していると、いつしか自分もセンスが良い人と扱われるようになっていきます。

Action

□思いつく中で一番センスが良い友達にLINEする
□「センスを磨く休日」の予定を立てる
□いつもなら一人で行くお買い物に、おしゃれな友達を誘って同行してもらう

最短でセンスが身につく10の習慣
7

街・都会を歩く

美大時代、一番好きだった建築家の教授がよく「街をたくさん歩きなさい、特に都会を！」とおっしゃっていたのをすごく覚えていたのですが、新卒のタイミングで田舎から上京してきたとき、東京には街中にこんなにもたくさんの広告があることや、感度の高いお店が次々と入れ替わることに衝撃を受けました。

例えば表参道を歩くと、一流クリエイティブディレクターが撮影したハイブランドの看板がたくさん目につきます。

地元で見かける広告といえば、近所の歯医者の広告くらいで、デザインも何もない、とりあえず目立てばいいだけの、大きな文字の看板……。田舎の歯医者はそれで十分な役割を果たすので何の問題もないのですが、当然ながらこれだけではセンスは磨かれません。

多くの人の目にとまる都会に、何千万と高額な費用をかけて出している広告や、出店している店舗には、必ずその背景に「めちゃくちゃセンスが良い人」が関わっています。

「自分の知り合いにおしゃれなデザイナーなんていないわ……」という方も、都会を歩くだけで素晴らしいデザイナーたちの仕事を一気に見ることができるのです。こんなにコスパが良いことはありません。

家にいてネットサーフィンしているだけではなぜダメなのかというと、インターネットの「検索する」という構造上、どうしても興味のあるものや、少しは知っているものにしか触れないので、必然的に視野が狭くなってしまいます。

また、誰でも発信できる時代だからこそ、広告も情報も洗練されているものが少ないため、あらゆる人が関わり吟味した街中のクリエイティブのほうが良質な可能性が高いです。

なので街に出て、自分の好き・嫌いにかかわらず、あらゆるクリエイティブな刺激に触れることが大切です。**センスは、そういった環境ですれ違う人のファッションや、アート、建築など、あらゆるトレンドやアイデアに触れ、インスピレーションを与えてもらうことで、磨かれていくものです。**

私は学生時代から海外旅行に行くのが好きで、長期休みがあるとバリやグアムなどのリゾート地によく行っていましたが、デザイナーになってからはニューヨークやロンドンなど、都会に行くのが楽しくなりました。

おしゃれな最新のホテルのラウンジをハシゴしたり、外が見えるカフェで街中の素敵なファッションを観察したりする時間は、間違いなく自分の感性を豊かにしてくれました（旅行の予算が限られているときは、4泊中3泊は激安宿に泊まって、1泊だけ、その街の一番おしゃれなホテルにステイするというのもおすすめです。中途半端な宿に4泊するより刺激がありますよ！）。

もちろん、リゾート地や自然豊かな旅先でも、ありのままの美しい自然や、野生動物の美しさに触れることができるので、なんにせよ旅はセンスを磨くために素晴らしい役割を果たしてくれると思います。

海外まで行かなくとも、魅力的な街はたくさんあります。特に東京は銀座・表参道・渋谷・新宿など、街によって歩いている人も、お店も、それぞれ全く色が違うので、特性を感じながら歩いてみるとたくさん気づきがあります。

都会を歩くだけで家にいる何倍もセンスが磨かれるので、**お休みの日にずっと家に籠るのはやめて、せめて休日のどちらか一日だけでも、近くの都会におしゃれをして出かけてみましょう。**

どんなポイントを見れば良いかわからない……という方は、次のチェックポイントを参考に街歩きしてみてくださいね。

「センスを磨く街歩き」のチェックポイント

- 人間観察をして、素敵な人探し
- 街の看板を観てトレンドをチェック。流行りのアーティストやイベントを知る
- 素敵なクリエイティブ（看板やインテリア）を見つけたら、作り手を調べる
- 自分の装いがこの街に馴染んでるかチェックする
- ウィンドウショッピングをして感性を豊かにする

Action

□都会街歩きDAYを作る
□出社を1時間早めて、のんびり1駅歩いてみる
□この街で一番おしゃれなホテルはどこか調べて、ラウンジだけでも行ってみる

最短でセンスが身につく10の習慣

8

目についた「素敵なもの」の理由を言語化してみる

いつもおしゃれな友達が女子会に現れたときや、雑誌でみたドラマチックな装いなどを見たとき、電車の中で向かいに座っている女性が目を引く美しさだったとき、「わぁ……！　素敵……！」と思って、それで終わりにしていませんか？

センスが良い人は違います。**なぜ今、「素敵だ！」と自分は感じたのか、その理由はなにかを考え、言葉にする**のです。

例えば、電車で素敵な女性を見かけたとき、心の中では〝なぜ素敵なのか〟会議が行われています。

ショートヘアが素敵！　似合ってて可愛い！　でも、なぜ似合うんだろう？

うーん、そもそもめちゃくちゃ小顔だな。骨が細い。

身体にゴツさがないからこそ、コンパクトなヘアスタイルがより彼女の良さを生かしている感じがする。

顔のパーツが下に集まっているから幼い印象のお顔立ちなんだろうな。だからエレガントな印象のロングヘアよりも、フレッシュなショートが似合っている。

でも明るい髪色なところが、大人っぽくておしゃれ感がある！

童顔で黒髪のショートカットだと、少年感が出てしまいそうだもんな。

洋服はボリュームのあるピンクのニットにタイトなスカートを履いていて、ボーイッシュになりすぎないようにバランスをとってるのかも。甘くなりすぎず、やりすぎてない感じがおしゃれだなぁ。

ヒールのパンプスに薄手のソックスを合わせているところも可愛い！


こうして見ると、非常に細部まで分析していますよね。

逆にセンスがない人は、「ショートヘア、素敵！」で終わってしまいます。

そして、そのまま後日美容室に行ってショートヘアをオーダーし「あれ？　なんか思ってたのと違う……」となってしまうのです。

ここまで「なぜ目の前のショートヘアの女性が素敵に見えるのか」が言語化されていれば、「ショートヘア」＝「可愛い」ではないことを理解できているので、「自分の顔立ちだとショートヘアは似合わないだろうな」「自分の場合、ヘアスタイルはロングで、洋服を甘くしすぎずバランスを取るのが良いのかも」などと考えることができます。

言語化するときには、次のような感じで自分に質問してみるのがポイントです。

- **どこが素敵だと感じたんだろう？**
- **それはなぜだろう？**
- **自分が素敵だと感じたポイントを引き立てているところは他にないかな？**
- **自分が素敵だと感じるポイントに共通点はあるかな？**

● 自分と違う点はどこだろう？
● じゃあ自分が取り入れるならどんな風にアレンジすると似合いそうかな？

このように、「なぜ？」「その理由は？」「ということは？」「じゃあ自分の場合は？」という質問を繰り返し、考えます。

最初は、「考えてみたけど全然わからない……」と思うかもしれませんが、雑誌を読んだり、センスが良い人と行動したりするといった習慣の繰り返しで、徐々に分析力が上がっていくのでご安心ください。

他にも、センスが良い人と行動し、お買い物に行ったり展示を見に行ったりしたときに意見や感想を聞くだけでも、自分と違う着眼点を知ることができるので、引き出しを増やすことができます。

また違った例ですが、以前実家で食事をしていたときに、真っ黒な平たいお皿にサラダや鶏ハムが乗せられて出てきて、何気ない家庭料理なのに立派に見え、素敵に感じたことがありました。私の母は陶芸をしているのですが、そのとき「黒い食べ物ってあまりないでしょう？　だから黒いお皿は大体の料理が映えるのよ」と言っていて、「なるほど……、だからか！」と納得しました。

そんな風に日常にある些細なインプットを心がけるだけで、自分の物を見る解像度は上がっていきます。

素敵なものを、「素敵だな〜」で終わらせず、その理由をできる限り言語化してみてください。

Action

□今日見た素敵なものを日記に書く
□自分に取り入れるならどんな風にアレンジをするのが良いか試してみる
□電車の中で素敵な人を探し言語化する

最短でセンスが身につく10の習慣
9

模写してみる

最近何かを模写したことはありますか？

「小中学校の美術の授業以来、模写どころか絵を描いた記憶すらないな……」という方がほとんどかと思います。

スマホで気軽に写真を撮ることができたり、スクショで簡単に保存できたりする時代に、わざわざ模写をする必要もないと言ってしまえばそうかもしれません。

ですが、**模写には先ほどの言語化以上に多くの発見があります。**

どんなことでも、頭で考える以上に、実際に手を動かしてやってみるほうが、何倍もわかることが多いですよね。

例えば、美味しいカレーを食べたとき、「複雑で旨みがあって美味しい！　きっとスパイスから作ってるんだろうなぁ」と言語化するとします。

でも実際にレシピを知って、作ってみると、さらに多くの発見がありますよね。「スパイスだけじゃなくて、最後に隠し味で少しだけカレールウを入れるのか！　だから馴染みがあって美味しいと感じるんだ！」とか、「お肉の甘味かと思ったけど、玉ねぎをここまでしっかり炒めることで旨みと甘味を出していたんだ……！」など。

これらについて、ただカレーを食べただけで気がつくのは難しいです。

お料理に関しては、こんな風に当たり前に〝模写〟と同じことをしているのですが、こと美容に関してはどうでしょうか？

私はメイクをするとき、お気に入りのモデルさんやアイドルの写真を鏡の横に並べて、どこまでその写真に近づけられるか、たまにチャレンジします。それを〝模写メイク〟と呼んでいるのですが、穴が開くほどよく見てメイクしていくことで、「アーモンド型の瞳が可愛い」や、「しっかりツヤがあることで立体感を感じる」など、ただ写真を見ているだけのときに比べて、可愛いポイントを１００倍は発見できます。

これは模写でしか得られない感覚です。

なので時間がないときでも、

今日はこのアイラインだけは完璧に再現しよう↓やってみる↓なんかいいじゃん！似合ってる！↓なぜだろう？↓目の幅がこの人も私もあまり広くないんだ。だから少し長めのアイラインのほうがバランスが良いんだ！

というように、どうせ毎日メイクをするなら、数日に1回は模写メイクにして、失敗したり、成功したりしながら、新しい発見や自分の可愛いポイントを見つけてみると垢抜けにつながります。

自分ではイマイチかな？　と思っても、その顔で会社に行ってみたら案外褒められた、なんてこともよくありました。

同じことがファッションでも可能です。

もしＴＶを観ているときに素敵なコーディネートを見つけたら、絵に描いてみます。実際にお店に行って試着してみることができればそれが一番ですが、一つのお店で全く同じコーディネートをするのは難しいですし、時間もかかってしまうので、一旦絵に描いてみるだけで十分です。「だからおしゃれなんだ！」という発見がＴＶを観ているだけよりも必ずあります。


もし絵を描くのが苦手であれば、コラージュしても同じような効果があります。

コラージュは雑誌を切り貼りして、見かけた素敵なコーディネートを再現するだけなので、簡単にできますし、最近は画像編集ソフトも無料でたくさんあるので、ＰＣやスマホでコラージュしても良いでしょう。

そうすることで、観るだけよりもしっかり記憶にも残りますし、お買い物に行ったときに選ぶセンスは間違いなく向上しています。

毎日自分の顔だけ見て、毎日同じようなメイクをするだけでは、センスがよくなるわけがありません。

当たり前ですが、そんなに甘くはないです。

料理上手になりたければ美味しい料理をたくさん食べて、実際に何度も真似して作ってみるのと同じで、センス良くなりたければ、そのことにちゃんと頭と手を使ってください。

ぼうっと眺めているだけでは、感性は身につきません。

Action

- □いつもと違うメイクで出社してみる（失敗してもOK！）
- □夜、お風呂に入る前にやってみたいメイクにチャレンジしてみる
- □見かけたコーディネートをスケッチorコラージュしてみる

最短でセンスが身につく10の習慣

10

アウトプットに評価をもらう

「他人から見たときにどう感じられるか？」という視点も、センスを磨く上では欠かせないポイントです。少々勇気がいるかもしれませんが、会う人に「今日の洋服、こんな感じにしてみたんだけどどう!?」と聞いてみましょう。

これは〝人から見て素敵だと言ってもらえることが正解だからそうするべき〟と言いたいわけではなく、あくまで**〝自分が意図した見せ方通り、他人にも受け取ってもらえているのか？〟**の確認作業です。

以前、久しぶりに会った知人が可愛らしいピンクのニットに、ふんわりとした髪型で、健康的な発色のピンク系のメイクをしていました。

今まで何度か彼女に会ったときは、基本的にモノトーンの洋服が多く、どちらかというとスタイリッシュでバリキャリ系なイメージがあったので「雰囲気変わりましたね！　ピンクニット似合うしいつもより可愛い印象です！」と伝えると、「え……！　嬉しい！　実は最近パーソナルカラー診断に行ったんだけど、イエベ春（パーソナルカラーの1種。肌の色がイエローベースで比較的色白なことが多く、あたたかみと若々しい印象を感じられるボディーカラーの持ち主）だということがわかって、黒よりこういうパステルカラーのほうが合うって教えてもらったんだよね。というのも、先月から本格的に婚活を始めたから絶賛自分磨き中で、なるべく女性らしい雰囲気を意識してるの！」と教えてくれました。

この場合、彼女の意図は「自分に似合うカラーの洋服やメイクで、女性らしく魅力的に見られたい」であり、他人の私から見ても「その通り似合ってて、可愛い」という印象だったため、その意図がしっかりと伝わっており成功と言えます。

このように、人と会うときは自分の中でテーマや目的を決め、装いで表現し、客観的にどう見えるか確認するのはセンスを磨く上で非常に有効です。

聞かなくても意見を言ってもらえたら助かるのですが、人の見た目について言及するのはどうかと思っている人も少なくないので、自分から聞いてみるのが手っ取り早いです。

デートだったら、「この前こんな感じの服装の女の子好きって言ってたよね？　ちょっと寄せてみたんだけどどうかな？」と聞けば、「めっちゃいいなと思ったよ！可愛い!!」と返してくれるでしょうし、仕事だったら、「○○先輩いつもオシャレで素敵なので要素取り入れてみました！　仕事できる人の雰囲気出てますか？」と聞くのも良いと思います。

そうすることで、「いい感じだなって思ってたよ！」と褒められるかもしれませんし、「あなたの身長や雰囲気に合わせるなら、パンツスーツじゃなくて、ギリギリ膝が隠れるくらいのタイトスカートでも素敵だと思うよ」などアドバイスがもらえるかもしれません。

そうすると、「なるほど、私のほうが少し背が低いから、かっこいい系よりエレガント系の印象のほうが似合うし、それでも十分仕事ができそうな雰囲気は出るのか」という新しい気づきも得られます（ついでに可愛い後輩だなぁと思ってもらえるかも……!）。

このように、**トライアンドエラーを繰り返しながら、徐々に自分の感覚と周りの見え方のすり合わせをしていくことでセンスは磨かれます。**

センスが良い人は、一見自分の感性のみに頼っている人のように見えるかもしれませんが、そういった人はごく一部。99%のセンスが良い人は自然と、この「アウトプット→評価をもらう」を行っています。

なので、これまで述べた

① **センスが身につく習慣を駆使する**
② **アウトプットする**
③ **評価をもらう**

この3ステップを繰り返し、自分の中でPDCAを回し続けることが、センスが良くなる最短ルートです。

Action

□目的別でコーディネート・ヘアメイクのパターンを変えてみる
□今日の洋服のこだわりポイントを言語化してみる
□もらったフィードバックから、さらにより良くするにはどうすべきか考えてみる

小さな習慣の積み重ねで、センスは磨かれる

センスを磨く10の習慣についてご紹介してみましたが、いかがでしたか？
無意識のうちにすでにやっている習慣や、自分では思いつかないような行動もあったかもしれません。

センスは一朝一夕で身につくものではないですが、逆に言えば知識と経験を繰り返すことで必ず身につくものでもあります。**愚直に実行さえできれば、必ずセンスが良い人になれます。**

センスが磨かれてくると、まず、人から褒められる機会が増えます。

「いつもおしゃれだよね」と言われたり、「真似していい？」と聞かれたり。それだけでとても嬉しい気持ちになりますし、自分に自信を持てますよね。

あとは、これまで、「なんかいいなぁ……素敵だな……かっこいいなぁ……」などとふんわり感じていたものが、自分の中ではっきりと、面白いくらいクリアに、その理由がわかるようになるので、頭がすっきりする感覚があると思います。

センスを磨く習慣は幅広く、まさに終わりなき旅でもありますが、徐々に選ぶものが変わり、身の周りが以前より素敵なもので溢れるようになっているはずです。

せっかくであればそんな感覚を味わいながら、楽しんでいただけたら幸いです。

Part 3

「美学」を見つける

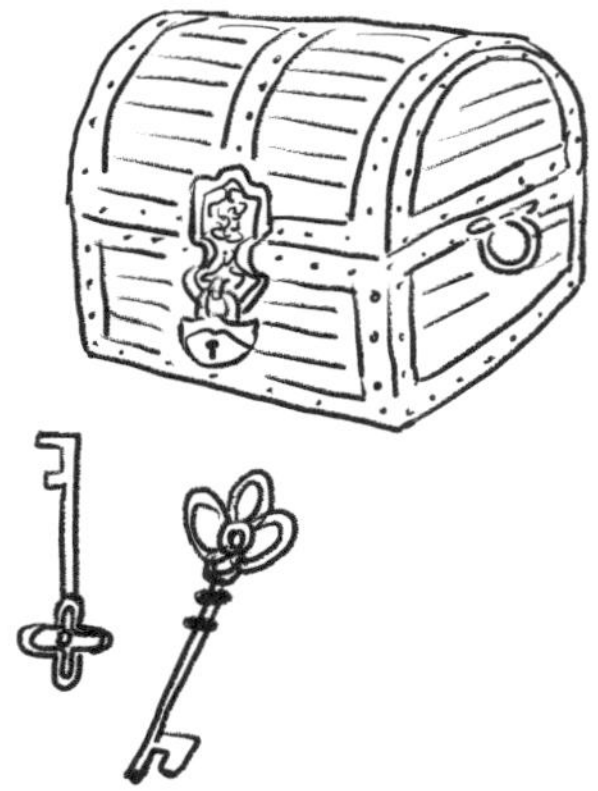

美学は自分の「看板」となる

センスを磨く方法をお伝えしたので、ここからは「自分なりのキレイ」のもととなる「美学」を見つけていきましょう。

この章では毎回ワークがついているので、お時間があるときにしっかりと自分と向き合い、自分なりの答えを見つけてみてください。

そもそも「美学」とはなんでしょうか?

辞書で引いてみると、【美学：美しさに関する独特の考え方や趣味】とあります。

〝独特の〟という言葉から感じられる通り、**美学は人それぞれ違って良いものであり、誰かやどこかに正解があるものではなく、必ず自分の中から生まれるものです。**

なので、ここでお伝えしたい美学とは

- **自分がこう在りたいと思い描く姿形**
- **自分が送りたい人生に必要な自分の魅せ方**
- **自分自身がどういった人間であるかを表現するための看板**
- **自分のことを好きになるための要素**

これらを作り上げるために必要な「種」のようなものと捉えていただければと思います。

「容姿とは内面の一番外側」と言いますが、まさにそうで、自分の内側にある「美学」が、外側である「容姿」に反映されるのです。

この内側の部分をはっきりさせて、「美学」として自分の頭の片隅に置いておくことが、必ず日々の選択に影響を与えます。そしてその一つひとつの選択が一貫している姿こそ、他人から見て「あの人は自分の軸があって素敵だ」と感じさせるのです。

また、美学があることのメリットはそれだけではありません。
しっかりと美学を持ち表現することで、例えば次のようなメリットがあります。

- **理想のパートナーに出会える**
- **入りたい会社に入りやすくなる**
- **仲良くなりたい人と友達になれる**
- **人からどう扱われるかを自分で決められる**
- **人から信頼される**

わかりやすいところでいうと、友人関係。友達同士ってなんとなく服装の系統が似ていませんか？

逆に言えば、自分が仲良くなりたいと思う人たちの文化や考え方を知り、容姿にも取り入れることで仲良くなることができます。

私は以前SNSで見かけて、素敵だな〜と勝手に憧れていた女性がいたのですが、数年後ものすごく仲良しな友人になった経験があります。

おそらく「素敵だな〜」と思ってただ見ているだけのときは仲良くなるのは難しく、徐々に憧れの方の「美学」を自分自身にも取り入れ、容姿に反映されるくらいにまでなることで、同じ文化圏に入り、自然と対等な友達になれたのだと思います。

もちろん見た目がすべてではないので、全然服装の系統が似ていなくても仲良くなることはできますし、実際にそういった友人もいるのですが、容姿のジャンルが近いほうが「きっと内面も同じ趣味趣向で同じような文化の持ち主だ」と判断されやすく、仲良くなるハードルが低いです。

他にも極端な例ですが、私の友人で「お金のない男性とはお付き合いしたくない」と言い切る女性がいます。そんな彼女はいつも高級感のある装いをし、ブランドバッグやジュエリーを身につけています。

そうすることで、一部の男性は「僕の金銭感覚は彼女とは合わない」と感じるので自然と離れていきますが、逆に、付き合った女の子には当たり前にブランドものをプレゼントする文化を持つ男性のみが近くに残ります。

「私はブランドものが好きで、お金がかかる女です！　お金がない人とのお付き合いはしない主義です！」

という「美学」が「容姿」に反映され、看板になっているわかりやすい例です。

このように、**関わりたい人と関わり、関わりたくない人との関わりを避け、人生を自分の思い通りに進めるためにも「美学」を持つことは何より大切です。**

それでは早速自分だけの「美学」を見つけるためのワークをご紹介します。

美学を見つけるワーク
1

本心に目を向ける習慣をつける

自分の本心に鈍感な人が非常に多いように感じます。

「多くの男性は女子アナファッションが好きみたいだから、その系統の服を着ておけば、とりあえず間違いないだろう」
「今の会社での働き方がつらいけど、もう何年もそれが当たり前だから」
「昔からの友達だから年末は毎年会ってるけど、話が合わなくなってきた」

こんな風に〝なんとなく〟で生きていると、自分なりの「美学」は見つかりません。

自分はどんな状態を心地よいと感じるのか？
それは絶対に実現できないのか？
実現するためにできることはあるか？

と、**とことん自分の本心の願いを叶えてあげるつもりで生きてる人からは、必ず「自分らしさ」を感じます。〝とりあえず〟や〝なんとなく〟で、本心を蔑ろにするのは、今日からやめましょう。**

例えば、先ほど例に挙げた「女子アナファッションをする」という選択も、自分の本心が「朝の看板アナウンサーになりたい！」や「自分の好みじゃなくてもいいからとにかく不特定多数の一般的な男性にモテたい！」なら良いと思います。

ですが、実際の本心が

「高橋くん（特定の誰か）に惚れてもらいたい」
「無駄にモテても断るのが結構しんどい」
「自分の容姿を生かして魅力的に見せたい」

なのであれば、今やるべきは女子アナファッションをすることではなく、高橋くんの好みを知ることであり、その上で自分の良さが引き立つ洋服にするべきではないでしょうか？

高橋くんが女子アナファッションが好きじゃない可能性もありますし、自分にはもっと違うジャンルのファッションが似合うかもしれません。

この「本心を無視する癖」は容姿にまつわるものだけでなく、仕事、暮らし、すべてにおいてやめることをおすすめします。

- **自分が本当はどう生きていきたいか？**
- **なんでも叶うとしたらどんな暮らしをしたいのか？**
- **どんなときに心地よいと感じるのか？**
- **この世を去る瞬間は誰の側にいたいのか？**
- **それはなぜなのか？**

たくさん自分の本心に質問して、そこから生まれた本当の気持ちをとことん大切にしてあげてください。

今でこそ私は、比較的自分の本心に忠実に生きていますが、世間体や親や周りの意見に洗脳されている時期もありました。

例えば「節約」。

私は平成2年生まれで、今のところ景気が良かった時代を知らない、不景気生まれ不景気育ち世代です。貧乏な家庭ではなかったですが、バブルの崩壊を経験した両親からは、「お金は貯金しておきなさい」と言われ続けてきましたし、周囲の環境的にもなるべく節約をすることが美徳だと思っていました。

確かに、節約すること自体は悪いことではありません。ただそれが当たり前になってしまっているので、お金をある程度稼げるようになり、自分にお金を使ってあげられるようになっても、なかなか自分の本心に気づくのは難しかったように感じます。

雑誌で一目惚れした洋服が5万円だったときは、もっと安くて似たようなアイテムを探そうとしたり、コンビニで本当はカツサンドが食べたい気分でもミックスサンドにしたりしていました。

たとえ5万円でも本当に気に入っていて、買う経済力があって、自分に似合っていたら、結果何年も着ることになり、袖を通すたび心から幸せな気持ちになれたかもしれません。でも当時は5万円の洋服を買うのが〝悪いこと〟で、似たアイテムを安い値段で探すことが〝偉い〟と本気で思い込んでいたのです。

こんな風に、**我慢癖や本心を無視する癖がある人は、何か考えが浮かんだとき、「本当に?」と問いかけることで本心に辿り着くことができます。**

「この服可愛い~!　でも5万円か……買えなくないけどもったいないからもうちょっと安いものを探そう。あ、これとか近いかも、ちょっと違うけど、まぁこれでいいか……。本当に?　本当はこっちの一目惚れした5万円の服が欲しいんじゃなかったっけ?　絶対に買えない?　本当にこっち(安いほう)でいいの?　それで幸せ?」

という具合に。

何事にも一旦、この習慣を持つことで自分の本心に辿り着けるのでおすすめです。繰り返すことで、そこまで深掘りせずとも自分の本心に気づくセンサーが敏感になってくれます。

また、ちょっとした違和感や不満を自分の中に放置しておくと、どうしても意識がそっちに行ってしまいます。そのせいで本当に大切にしたい自分の考えに目を向けられなくなってしまいます。

わかりやすい事例で言うと、旅行先で靴が合わなくて足が痛くなってしまったとき、痛みが気になってしまって景色を楽しむ余裕がなくなりますよね？
「あそこに行きたい」「これをやりたい」よりも「そんなことより足が痛い、最悪。どうしよう……」という考えで頭がいっぱいになってしまうと思います。

自分の本音に耳を傾けてあげるためにも、そういった〝ノイズ〟を取り除いて、心をクリアな状態にしてあげることが大切です。普段の生活でも、違和感や不満を感じるものがあるなら取り除いてあげてください。

こういった心の声は、頭の中で考えるよりも文字にしたほうが客観視しやすいので、1行でもいいから先ほど挙げたような考えを日記に書いてみてください。そのとき必ず「本当に？」を付け加えながら、本音を探ってみてくださいね。

本心日記をつけよう

▼今日（もしくは今の生活の中で）
何か我慢していることはある？

▼100万円もらえたら、まず何がしたい？

▼今日一番幸せを感じたのはどんなとき？

▼自分を大切にできた瞬間は？

▼最近誰かの顔色を伺ったことはある？　それはなぜ？

美学を見つけるワーク 2

SNSのフォローリストは自分の家の本棚と同じ

自分の美学を持っている人は、無闇にSNSに時間を使いません。

SNS上には良い情報もありますが、ほとんどが浅い情報や自分にとってそこまで重要ではない情報です。

最近はショート動画が流行っており、どんどん関連する動画が流れてきて、気がついたら1時間くらい経っていた……なんてことも、あるあるなのではないでしょうか？

たまにエンタメとして楽しむのも良いとは思いますが、**「日々の自分と向き合う時間を削ってまで観るべきクオリティのエンタメか？」**という視点は持っておきたいところです。
もしも昨日見たショート動画やＳＮＳの内容を思い出せないのであれば、それはあなたにとって必要のない情報だといえるでしょう。

美学はそういった情報から生まれることはなく、何年経っても覚えているような体験や、心が震えるような感動から生まれます。

今ＳＮＳに充てている時間は、その分そういった体験をするかもしれない他の時間を奪うことになっていると思うと、「気づいたら数時間経ってた……私何してたんだろう……？」と感じるような使い方は避けたいところですね。

そのためにできることの第一歩としては、**半年に１度はフォローリストを整理する**ことです。
気がついたら３００、５００と増えていて、多いと２０００くらいフォローしている方もいます。お仕事で必要な場合を除いて、普通はそんなにフォローしてもすべてを追いかけられないので、せいぜい30アカウントくらいが限界な気がしています。

自分のフォローリストを見返してみて、その中でこれは「絶対に自分にとって欠かせない情報だ」と思ったもの以外は思い切って外してしまいましょう。

私はよくフォローリストを整理していますが、それで後々困ったことは一度もありません。

自分の家の本棚で考えても、本を手放さず買い足していると、気づいたら本棚に入り切らなくなりベッドサイドやリビングに溢れてきて、どんどん家の中を圧迫してしまい快適でなくなりますよね？

もう読まなくなった本を置いておいても仕方がないので、手放したほうが良いのは明白です。

SNSのフォローリストも家の本棚と同じだと思って、「増えすぎたら手放す」を意識してみてください。

「しばらく会ってないとはいえ、友人のフォローを外すのはなんだか気が引ける……」という意見もよく耳にします。確かにその場合フォローを外すのは気まずいので、ミュートにして流れてこないようにするのがおすすめです。頻繁に顔を合わせる人ではなく、年に一度会うような関係性であれば、「最近どうしてるかな?」と思い出したときに見に行くくらいがちょうどいいことが多いからです。

冷たく感じられるかもしれませんが、個人的にこの感覚は、**小さい頃に自分の大切なものだけをしまっておくために作ってあった「宝物ＢＯＸ」**に近いです。今の自分にとって毎日必要な訳ではないから常に手の届く場所には置いてないのだけど、とっても大事だから思い出したときに開けて、いつでも眺められるようにしておく。

そうやって入ってくる情報を整理し、うまく自分と向き合う時間を増やすことが「美学」を見つけることにつながります。

各SNSのフォローリストを整理しよう

▼STEP1：自分のフォローリストを見て、不要なものを外す

▼STEP2：外すのは気が引けるけど、特に見る必要を感じないものはミュートする

▼STEP3：いらない動画アプリやSNSを削除する

美学を見つけるワーク
3

小さい頃の自分に会いにいく

幼い頃に好きだったものや夢中になったものは、案外大人になっても変わらないことが多く、それは自分の根本的な性格や価値観に基づくものだと言われています。

大人になるにつれ、「世間体」や「責任」といったものさしで測られるようになり、自分の「好き」を置き去りにしなければならないシーンがどんどん増えていきます。

そうすると幼い頃は持っていたはずの、「まだ誰にも制限されていない自分だけの趣味趣向」を少なからず忘れていってしまいます。

変わらない自分の軸はそういったところからも生まれるので、ぜひ思い出してみてください。

例えば、私は小さい頃から「美しいもの」が大好きでした。キラキラ光るイミテーションのアクセサリーや、ガールスカウトで面倒を見てくれていた美人で優しいお姉さん、くるくる回ると花びらのようにふんわりと広がるスカート、ガラス玉のような猫の瞳……。

30年経った今でも、これらを見てうっとりする気持ちは面白いほどに変わっていません。

その結果、今はジュエリーを仕事にしていますし、新卒のときは美人が多い会社に入社しましたし、繊細なレースのランジェリーを密かに日々楽しんでいます。

「ただそこに在るだけで美しくうっとりさせられるものが好き」という気持ちは間違いなく私のアイデンティティの一つであり「美学」だと言えるでしょう。

目を瞑って、小さい頃の自分に会いにいき、好きだったものを思い出してみてください。

「ママのコスメで夢中になって遊んでいた」
「海で遊ぶのが大好きだった」
「あのアニメにハマっていた」

「ここは今でも全く変わっていないな……」と思うところが見つかるかもしれませんし、「そういえばこれ好きだったな……！」などワクワクするような、ポジティブな感情を思い出すかもしれません。逆に「自分はこれが好きだったけど両親の趣味ではなく、反対された」「お金がなく与えてもらえなかった」というパターンもあるかもしれませんね。

もしそんな思い出があるなら、大人になった今こそ、当時の願いを叶えてあげるタイミングです。子どもの頃に欲しかったものは大抵1万円もあれば購入できるはずなので、買ってみて、「なぜ欲しかったのか？」「どこにときめいていたのか？」を感じてみてください。

心が躍ったなら、必ずそこに「自分らしさ」のヒントがあります。

幼い頃に好きだったものを思い出してみよう

▼今でも覚えている漫画やアニメは？
▼親に叱られるくらい夢中になったものは？
▼欠かさずチェックしていたTV番組は？
▼お気に入りだった洋服は？
▼過去に一番ファンになった芸能人やアーティストは？

美学を見つけるワーク
4

自分の好きなところを書き出してみる

自分の好きなところ、魅力的なところは何個思いつきますか?

全然ぱっと出てこないよ……という方でも、過去に自分が人から褒められて嬉しかったことを列挙してみると、いくつかは頭に浮かぶのではないでしょうか?


アーティストのYUKIさんの楽曲『ビスケット』に「私があなたを好きな理由100個くらい正座してちゃんと言えるから」という最高にキュートな歌詞がありますが、そのくらいは自分で自分の好きなところを言えるようになりたいものです。

ところがほとんどの人が、実際正座して自分の好きなところを言ってみると100個に到達する前に足が痺れて、それどころではなくなってしまうと思います。

そのくらい人は自分に対して厳しい評価をしてしまいがちで、嫌なところにばかり目がいってしまいます。

その理由は、自分の嫌なところというのは痛みに直結してしまうから。

- **片付けが苦手↓部屋が汚くて気分が悪い**
- **仕事が遅い↓上司によく怒られる**
- **テストの見直しが苦手↓赤点をとる**

このように、自分が損をしたり、痛い目をみたときに嫌なところが浮き彫りになったりするので、気になって仕方がないのです。

それに比べて「好きなところ」はどうでしょうか？

これらは自分にとって当たり前のところに潜んでいるものがほとんどのため、気がつきにくいです。

当たり前のように毎日仕事に行けて、ご飯を美味しく食べられるのは、健康な体だからですよね。

当たり前のようにいつでも連絡ができて気軽に会える友達がいるのは、人当たりが良いからですよね。

当たり前のようにツヤツヤの髪が生えてくる人もいれば、当たり前のように色気がある人もいるかもしれません。

普段全く意識せずにいられる、自分にとって当たり前なところこそ、自分自身の強み・魅力であることを、今一度自覚していただきたいです。

なぜなら、**自分の強みや自分の良さを、自分で意識でき、理解していないと「自分なりのキレイ」は表現することができない**からです。

つい「こんなの当然のことだからなぁ……」とか「もっと上には上がいるし……」と思ってしまいがちですが、ちょっと人より優れているくらいでも十分です。何より、自分が自分で好きだと思えるポイントであればそれで良いのです。

容姿だけでなく、内面もセットで考えてみてください。

また、**自分が今当たり前にできていることを「それって何でなんだっけ?」と理由まで考えてみることで、さらに自分の良いところへの理解を深めることができます。**

例えば私の場合はこんな感じです。

● **デザイナーという好きなことを仕事にできている**
↓努力して美的感覚に優れているから

● **肌艶がよく化粧ノリがいい**
↓毎日スキンケアをサボらずコツコツできるマメさがあるから

●食べ物の好き嫌いがない
↓両親に好き嫌いがなく、幼い頃からなんでも食べさせてくれたから
●可愛い愛犬と暮らしている
↓犬を飼うだけのお金と時間の余裕を持てるよう仕事を頑張ってきたから

同じ当たり前でも、その理由は人それぞれ違うはずです。
例えば2つめに挙げた「肌艶がよく化粧ノリがいい」も、私の場合は「コツコツスキンケアをちゃんとできるタイプだから」ですが、「生まれつき肌質が良いから」という人もいれば、「ホルモンバランスが乱れにくいから」という人もいれば、「定期的に美容皮膚科に行く経済力があるから」という人もいます。

自分なりのキレイとは、そういった違いから生まれるものです。

どんな些細なことでも大丈夫なので、ここはじっくり時間をかけて思いつくかぎりを書き出し、100個くらいはスラスラと言えるようになりましょう。

当たり前にあるものと、その理由を書き出して、自分を好きになろう

▼人からよく褒められるのはどんなところ？

▼今までで一番頑張ったことは何？

▼今までで一番長く続けられた仕事は何？

▼どんなときに人に頼りにされる？

▼今までで一番時間とお金を費やしたことは？

▼特に努力をしていなくても、人よりうまくできることは？

（カラオケ・英語・機械の扱いなど……）

美学を見つけるワーク
5

自分の「なんかやだなー」選手権を開催

自分や今いる環境に対して、先ほど挙げたような〝痛み〟ほどではなくても、「なんかちょっとやだなー」と感じるところはありませんか？

別にそのままでも日常生活で困らないものの、たまにちょっと引っかかるような。

私は自分に対していくつか思いつきます。

- 英語が話せない
- ハマれる運動がなく、ボディメイクや健康のための運動が義務になっていて億劫
- 手の甲の毛穴が目立つ　etc…

こういうことは「できればそうじゃないといいな……」とは思っているけれど、いますぐどうにかしないと困るようなことでもないので、つい放置しがちです。

ですが、人生を豊かにするきっかけは、このような「まぁ後回しでもいいのだけど、できれば改善したいところ」にこそ潜んでいると思います。

というのも、私は長年、〝ワインについて詳しくない自分〟が、なんかやだなー選手権の上位に食い込んでいました。

せっかく美味しいイタリアンを食べに行っても、お料理との合わせ方（ペアリング）がわからないから「お任せで……」と言ってしまう。ワインリストを広げられても国や品種にどんな特徴があるのか知らないので、味の想像ができない。ワイン好きな上司にギフトしたいけど、何を選べば良いかわからない……。

こんな具合でワインに遭遇すると、ちょっと「うっ……」と引け目を感じずにはいられなかったのですが、「まぁ店員さんに聞けば済む話だし、お酒はワイン以外でも楽しめるからまぁいいか！」と放置していました。

あるとき思い立って、ワインスクールに通い始めたところ、それがとても楽しく、すっかり趣味の一つとして仲間入りしました。今まで暗号のように見えていたワインリストが読めるようになったり、自分のワインの好みが明確になっていったり、以前までは素通りしていたワインショップが気になるようになったり、手土産で用意したワインのセレクトを褒めていただいたり……まさに新しい世界が開けた感覚になったのです。

また、自分の中だけの変化ではなく、人からも「生き生きしてて楽しそう」「前向きに勉強している姿が素敵」と言われたり、食事に行ったときも「そんなに楽しそうにしてくれてご馳走し甲斐がある」と言っていただけたりすることもありました。

少し行動を起こせば改善できるようなことは、積極的に取り組んで損はありません。取り組んだ分だけ「なんかやだなー」が減り、人生に楽しみが増えるからです。

自分なりのキレイを体現している人に、自分の人生を楽しんでいない人はいません。どんなことも楽しみながら改善していける人は、それだけで魅力的に見えるので、今すぐにでも解決できそうなちょっとした不満はどんどん改善する計画を立ててみましょう。

「なんかやだなー」と思うところTOP5を書き出し、改善策に取り組もう

▼TOP5を書き出してみよう

▼改善するためのアクションを一つ起こしてみよう

↓クリニックやスクールを予約する

↓参考になりそうな本を購入する

↓関連の動画を調べて観てみる　etc…

美学を見つけるワーク
6

今世では立たない土俵を決める

先ほど挙げた「なんかやだなー」と思うところの中には、どう頑張っても改善しないところや、改善するにはあまりのリスクやお金がかかる場合もあります。

そんなときに大切なのは、**「自分が今世では立たない土俵を決める」**ことです。

例えば、テレビに出ているようなアイドルと比較して、「自分の容姿が劣っているから嫌だ……」と感じたとしましょう。

自分がアイドルとして仕事をしているのであれば、同じ土俵に立って比較するのは当然ですが、容姿に関して容姿のプロと比較し落ち込むのは、おかしな行為です。

東大を目指してもいないのに、東大生に比べて自分はバカだと落ち込む人や、野球を真面目にやったこともないのに、大谷翔平選手に比べて野球が下手だと落ち込んでる人がいたら、「何言っちゃってんの?」となりますよね?

なぜか容姿に関しては、プロと比較する人が後を絶ちませんが、比較するなら同じ土俵に立っている人と比較するべきです。

自分が今立っている土俵、今後立ちたい土俵、今世では立たないと決めている土俵をはっきり区別しておくことは、自分なりのキレイを体現するために欠かせません。

そして大人になれば自分がどの土俵に立つかは自分で決めることができるのです。

例えば、私は168㎝と身長がやや高めなのですが、中学時代はそれがコンプレックスで、自分の嫌なところの一つでした。

みんなと同じようにスカートを短くすると、足が出ている範囲が人より多いので私だけ先生に注意されてしまいます。スカートの長さの規定は股下ではなく膝上で決まるものだからです。

人一倍「女の子らしく、可愛いもの」が好きだった当時は、制服を可愛く着こなせないことが嫌で仕方ありませんでした。ですが身長を縮めることはできませんし、制服や規則を変えることもできない為、泣く泣く諦めるしかありませんでした。このように、学生時代は自分で自分が立つ土俵と立たない土俵を緻密に決めることができません。

ですが、大人になってからは自分で決めることができます。

何を着て、誰と付き合い、どこで生きるのかは自分次第で選ぶことができるのです。

私の場合、学生時代可愛く見えないことが自分の嫌なところだったため、大人になってからは、そもそもぱっと見の外見で「可愛い」の土俵に立つことをやめました。

外見は「可愛い」じゃなくて「キレイ」の土俵に立とう。

その代わり、振る舞いや言動は「可愛い」にしよう。

そう自分の中で決めるのです。

そうすることで、外見の可愛い争いから離脱することができます。

うっかり他人に「可愛らしさ」で比較されそうになっても、「いや、私はキレイの土俵に立ってるから。今世では〝可愛い見た目〟の戦いに出場しないって決めてるので」と、心の中できっぱり拒否・線引きすることができます。

変えられない部分を嘆いても仕方がありませんし、立つ土俵を間違えるとそこに待っているのは負け戦です。

一人ひとり、輝ける土俵は違います。

自分なりのキレイを体現している人は、自分の特性を生かして、どの土俵に立ち、どの土俵に立たないかを冷静に判断しています。わざわざ自分の嫌なところに直面するような土俵には立たないようにしましょう。

今世では立たない土俵を決めよう

▼絶対にやりたくない、向いてない仕事は？

▼どう頑張っても変わらない部分は？

▼それらに遭遇しないために、どんな環境に身を置く？

▼そのためにどうする？

美学を見つけるワーク
7

思い込みを捨てる

誰しも人に「あなたってこうだよね」と言われたことがあると思います。
自分で「自分はこういう人間だ」と思っているところもあるかもしれません。

その中には

- **自分はスタイルが良いほうだ**
- **愛嬌があって可愛い**
- **仕事ができて周りから頼られている**

など良いこともあれば

- **やりたいことも得意なこともないダメ人間だ**
- **コミュニケーションが苦手でつまらない奴だ**
- **太りやすくて何を食べても太ってしまう**

といった、悪いこともあるかもしれません。

このような思い込みを、一度疑ってみましょう。なぜなら、**人は無意識のうちに思い込み通りの自分を生きようとしてしまう**からです。

私は学生時代、「自分は忘れ物が多くうっかりした人間だ」と思い込んでいました。学生時代は本当に毎日のように忘れ物をしていたのです。自分なりに気をつけているつもりでも小学生から大学生まで、忘れ物の量は減りませんでした。

致命的なものを忘れることも多々あり、家族に持ってきてもらうなど迷惑をかけたことも多く、特に家族や周りの人から「忘れ物が多いうっかりもの」として扱われていたのです。

ところが社会人になると同時に一人暮らしを始めると、忘れ物をほとんどしなくなりました。

最初は、「自分は忘れ物が多いから気をつけないと。会社に遅刻するわけにはいかない」と毎日ドキドキしながら出勤し、一人暮らしを始めるときの住むエリア選びも、最悪忘れ物をしても取りに帰れる距離のところにしていたくらいだったのに、あるときから、気がつくと「あれ？　私ほとんど忘れ物してなくない……？　全くの0ではないものの、人並みレベルにはなったかも……！」と思えるようになったのです。

生粋のうっかりものであれば、社会人になってもそうだろうし、どんなに気をつけていても治るとは思えません。一人暮らしをして改善されたのは、本来は別にそういう人間ではなかったからです。

人は自分でそう思い込むほど、周りからそういう扱いをされるほど、その通りのキャラクターになってしまいます。「忘れ物をしやすいから気をつけよう」と思う反面、どこかで「忘れものをしてもいいや、だってそういう性格だし仕方ないから」と思い、確認を怠るのです。

それに気がついてからは、「自分は忘れ物をしないタイプの人間だ」と思うようにしました。そうすると、「忘れ物をしない自分だったら、どういった行動をするかな？」と考えるようになります。

その結果、旅行の前は持ち物リストを紙に書き出して消し込みをするし、毎日バッグの中身を全部出して、決まった場所にしまうようになり、忘れ物をしない自分になれるのです。

これと同じことが、容姿でも言えると思います。

私は身長が高く、太りにくい体質だったので、学生時代から「スタイルがいいね」

と言われることが多かったです。なので「私はスタイルが良いんだ」という思い込みがありました。

アラサーになり、基礎代謝が落ちた今、食べたら食べた分だけきっちり太る体質にはなりましたが、「自分はスタイルが良い」という思い込みがあるため、そのキャラクター設定のもと、日々の行動を無意識レベルで選択しています。「私はスタイルが良いからヘルシーなものを好んで食べる」し、体重がベスト体重よりプラスになったら「いけない！　スタイルがいい女なのに！　運動しなきゃ！」と思い行動に移します。

もし自分のことを「何を食べても太るタイプ」と思い込んでいたら、「だから何を食べてもいい。どうせ太るし……」と思ってしまい、今ほど食事に気を遣うことはなかったかもしれません。

こんな風に、**良い思い込みも、悪い思い込みも必ず反映されてしまう**ので、この章で最後に自分の「美学」を決めたら、ぜひその通りの自分を想像し、「自分はそういう人間なんだ」と思い込んでください。

そのために一番簡単なのは、**「周りにいる人を変える」**ことです。

自分の美学が「仕事ができて自立しているいい女」なのだとしたら、「お前は仕事ができないから俺が稼いであげるよ。向いてないのに仕事なんてする必要がないよ」と言う彼とはお別れして、「仕事ができて自立していて素敵だね」と言ってくれる彼を探したほうがいいでしょう。

こう扱われたい！　と思う通りの人をなるべく自分の周りにキャスティングすることで、自分でもさらに思い込みを深くすることができるからです。

自分なりのキレイを体現している人は、したたかに自分の周りに置く人を厳選し、自分の見え方をブランディングしています。

そうすることで自分のありたいキャラクターでいられるからです。

無意識に反映されている思い込みに気づこう

- ▼何年も忘れられない傷ついた一言はある？
- ▼それって今も本当にそんな自分？
- ▼違うなら忘れよう！
- ▼嫌な思い込みや決めつけをしてくる人は周りにいる？
- ▼逆に自分にとって良い思い込みはある？
- ▼良い思い込みが助けてくれたこと・役に立った経験はある？

美学を見つけるワーク
8

自分に高価な買い物をして分析する

洋服やバッグ、ジュエリーなど、身につけるものの中で、今までで自分に一番大きなお金をかけたアイテムはなんでしょうか？

思い浮かべてみて、購入したときの心の動きを言語化してみていただきたいです。

というのも、高価な買い物ほど自己分析ができるタイミングはありません。

① 欲しいと思ったきっかけ
② 迷っている理由
③ 買うに至った経緯

④ 購入してからの気持ち

これらを丁寧に観察していくと、普段は気がつかないような、思わぬ自分の本音や願望、大切にしたいことに辿り着きます。いわゆるインサイト（＝消費者の行動や思惑、それらの背景にある意識構造）と呼ばれるものです。

100均でものを買うときと、数十万円するものを買うときとでは、頭で考えることの量が違いますよね。

高価なものを買うときは「これ欲しい！」「でも貯金を崩したくない！」「あーでもこれがあったらこんな暮らしができそう」「来月以降節約すればなんとかなるかな？」「ボーナス一括払いにしようかな！」という具合に、お金についてもあれこれ考えると思います。

そこにプラスして、

●なんで欲しいと思ったんだろう？
●これを買うことで自分にどんなメリットがあると感じたんだろう？
●これを手に入れたらどんな自分になれて、どんな未来があるだろう？
●なぜ迷っていたんだろう？　デメリットはなんだろう？
●購入したあとどんな気持ちになったんだっけ？

といった自分の心の動きにも注目してみましょう。
これが自己分析になり、自己プロデュース力が上がる訓練になります。

私は仕事柄ジュエリーを購入することが多いですが、新卒の頃、ローンを組んで30万円する指輪を清水買いしたことは、自己分析力の向上につながる経験でした。

このデザインは10年後も飽きないだろうか？
自分が本当に好きなテイストってどんな感じだっけ？　それはなぜなんだっけ？
自分にはどんなものが似合うんだろう？　その理由は？

こっちよりこっちのほうが似合うけどなぜだろう？
自分の気分を一番高揚させてくれるアイテムはなんだろう？
それはどんなときで、きっかけはなんだろう？

こんな風に、**自分に「なぜ？」の問いかけを繰り返していくこと、自分の好みや、似合うものや、どう見られたいのかという願望が明確になっていきいます。**

どう見られたいのかがはっきりしていないと、自分の魅せ方にゴールや目的がなく、まさに迷走した見た目になっています。

自分なりのキレイを体現している人は、これらをはっきりと自覚しています。
そうすることで、**限られた予算の中でも、自分にとってベストなものを選ぶことができる**からです。

さらに、センスが良い私のデザイナーの先輩は10年以上もの間、購入した服とその値段をすべてスマホのメモ帳に記録し、中でも、よく着ていて、気に入っており、長年使っているものには絵文字の虹マーク、そこまで登場しないものは星マーク、結局全然着なかったものはドクロマークをつけていらっしゃいました。

本当にものすご〜く長いメモになっていて、驚きました。「ここ数年で購入したものはもう虹マークのものばかりになった。失敗や成功を繰り返して、ちゃんと見返して分析することで、無駄な買い物がなくなったんだよね」とのこと。センスが良い人はここまでやっているのかと、脱帽でした。

購入して終わりではなく、お金を使った分だけ、その後も一つひとつ丁寧に評価し、自分の学びに変えていくことで、頭ひとつ抜きん出た「洗練」に辿り着くのだと、その先輩をみて思いました。

購入するものは高ければ高いほど学びが深いですが、すぐには買えなかったり、昔のことすぎて思い出せなかったりすると思うので、一番直近の買い物から思い浮かべてみてはいかがでしょうか。試しにこの書籍を購入するに至った自分のインサイトを覗いてみてください。

買ったものから自己分析してみよう

▼なぜこの本を手に取ったの？

▼読んだあとどうなっていたい？

▼最近購入した中で一番高価だったものは？

▼なぜ欲しいと思ったの？

▼購入するまでに迷いはあった？　それはどんなこと？

▼購入した後の気分はどうだった？　自分を好きになれた？

美学を見つけるワーク
9

ロールモデルから目指したい方向性を見つける

人生のバイブルやロールモデルがあると、目指したい方向性が定まりやすく、ブレない自分の軸になります。体現している人物像があることでより一層イメージしやすいのです。

職場の身近な先輩でもいいですし、芸能人でもいいですし、小説や映画の主人公でもいいですし、両親でもいいでしょう。自分の実年齢よりも少し上の雑誌を見て、「数年後こんな暮らしをしていたい」とイメージするのでもOK。

こんな風になりたいと思えるロールモデルがいると、迷ったときに「あの人ならどうするかな？」と想像することができます。

もし思い浮かばない場合は、周りに魅力的な人が少ないのかもしれませんし、もっと素敵な作品や人に触れることを意識して行動したほうが良いかもしれません。

もちろん、自分以外の誰かになることは不可能ですし、なろうとすればするほど苦しくなる一方なので、ロールモデルやバイブルはあくまで自分の中のエッセンスとして持っておくくらいがちょうど良いです。

一人ではなく複数人思い浮かべ、「ファッションならこの人」「メイクはこの人」「恋愛観はこの人」「仕事のスタンスはこの人」という具合に、あらゆる人のエッセンスを掛け算していくことで、誰かの猿真似ではなく、自分なりのキレイにつながります。

他にも、似ていると言われた芸能人は、自分が目指せる垢抜けの最上級でもあるので、よくよく観察し、メイクやファッションのポイントなど取り入れてみるのが良いでしょう。

ちなみに、私の人生のバイブルは、学生時代に読んだ漫画『ご近所物語』です。『ご近所物語』とは、デザイナーを目指して、服飾系の学校に通う主人公の実果子と、同じマンションの向かいの家に住むツトムの恋愛模様を描いた少女漫画なのですが、人生で大事なことはすべて『ご近所物語』から学んだといっても過言ではありません。

女の子は恋愛に逃げずに、自分の人生を自分の足で歩くこと。
夢があると仲間が増え、そこに青春がついてきて、人生が充実すること。
大切な人には素直に愛を伝えること。
強くいるためには、信じられるものを一つ見つけること。
ハッピーエンドではなく鍛え抜かれたハッピーマインドを手に入れること。
など、キリがないほど自分の人生の指針となる言葉を与えてくれた作品でした。

漫画ではなくとも、映画などお気に入りの作品、好きな芸能人、身近な素敵な人を思い浮かべて、取り入れられるエッセンスを集め、自分だけのペルソナ（＝人物像）を作ってみましょう。

ロールモデル・バイブルを集め、自分だけのペルソナを作ろう

- 憧れる容姿の人を3人挙げよう
- 共通するポイントはある？
- 自分と近いところや、取り入れられそうな部分はある？
- お仕事やライフスタイルで憧れるのはどんな人？
- 家族やパートナーとの関わりはどんな風でいたい？
- 言葉遣いはどんな人になりたい？
- 洋服やメイクの系統は？

私が自分の容姿を好きになるまで

実は私は長年、自分の容姿が好きではありませんでした。

自分の容姿が「割と好きかも」と本気で思えるようになったのは、28歳頃です。

それまで私の好みの顔立ちは、物心ついた頃からリカちゃん人形のような、目がぱっちりとして鼻が小さく顔のパーツが下のほうに集まっていてさらさらストレートのぱっつんロング。吉川ひなのさんや、鈴木えみさんのようなお顔立ちが憧れでした。

一方私はというと、頬骨が目立っていて、中顔面（目〜口の間）が長く、目が中心に寄り気味だったため、あまり好きにはなれなかったのです。

そんな私が自分の容姿を好きになったきっかけがあります。

それはとある韓国のアイドルグループがデビューした当時、メンバーの一人に少し似てるんじゃないか？　と友人からＬＩＮＥが来たのがきっかけでした。「芸能人の○○に似てる！」と言われたことがある方は多いと思うのですが、実際そこまで瓜二つってことはないですし、当時は正直、「うーん……まぁ言われてみればそうなのかな……？」くらいにしか思っていませんでした。

ですがその後、せっかくなら垢抜けの参考にしようと思い動画や画像を漁れば漁るほど、その方の魅力にハマり、「何この方、めっちゃ可愛い……！」と思い始めたのです（今ではすっかり大ファン）。

今まで自分の好みだと思っていたお顔と違うのに、なんでこんなに可愛く感じるんだろう？とよくよく考えたところ、彼女の魅力が「静止画だと（止まってると）キレイで、動画だと（動くと）可愛い」というギャップにあると気がつきました。

写真だと圧倒的なスタイルの良さが際立ち、クールな表情も合う、どちらかというと今流行りとは逆の大人顔。でも動画だといつもニコニコしてふざけたり甘えたり、ちょっとドジで天然なところがある。

そんな魅力に気づいて以来、他のワークで見えてきた自分の要素も踏まえて、私の美学は、**「写真で見るとキレイで、実際会うと可愛くて、喋ると面白い、美的センスのある女性」**になりました。

この美学をいつも心に持つことで、洋服を買うときも「これってキレイな人に見えるかな？　自分のスタイルや大人っぽい顔立ちに合ってるかな？」と考えますし、「いつもニコニコしていたいから、仕事もプライベートも面白い人と一緒に過ごして、よく笑う自分でいよう」と思っています。うっかりコーヒーをこぼしても、「ま、いっか！　私ってそういう人だし！」とヘラヘラしていられます。笑

ちなみに、ロールモデルを見つけられたとしても、完全にその人になることは不可能なので、そこを目指すことはつらい作業になってしまいます。なので、単純に「〇〇ちゃんになる！」ではなく、「静止画だと（止まってると）キレ

イで、動画だと（動くと）可愛い」のように、良いと感じている部分を細かく言語化する作業＝「良さの分解」をして、自分自身の美学に落とし込むようにしてください（133ページ参照）。

あのとき、お世辞でも「似てる！」とLINEをくれた優しい友達のおかげで自分の「美学」を見つけるきっかけになりました。

今まで「お人形顔しか可愛くない！」と凝り固まっており、大人顔な自分が嫌で仕方なかった自分の美意識が、本当に些細なきっかけで柔軟になり、自分を好きになることができました。

「可愛い」も「美しい」も本当に幅広いです。

もしも今、「自分の容姿を好きになれない……」と悩む方は、自分の容姿を変えるのも良いですが、あらゆる可愛さ、美しさに触れ、価値観を広げることも有効なひとつの手立てになることを知っておいてください。

美学を見つけるワーク
10

自分の「美学」を1行程度で説明する

さて、ここまでたくさんのワークを通して自己理解を深めてきました。

①　まず、自分の本心に目を向け大切にすること
②　入ってくる情報を本当に必要なもののみに整理すること
③　幼い頃から好きだったものを思い出すこと
④　当たり前にある自分の素晴らしい部分に気づくこと
⑤　自分の嫌なところで、改善できるところは行動すること
⑥　今世で立つ土俵・立たない土俵を決めること
⑦　自分を縛る思い込みを捨てること

⑧ 隠れた自分のインサイトを知ること

⑨ ロールモデル・バイブルを見つけること

今まで気づかなかった自分の思いや理想が、浮かんできたのではないでしょうか。

ここからは、**その一つひとつをまとめて、自分だけの「美学」として1行の言葉をつくりましょう。**その言葉は写真を撮るなりスマホのメモ帳に残すなりして、いつでも見返せるお守りのように常に置いておいてください。

美学の1文を作る手順は、次のようなイメージです。

● あなたがより強調していきたい自分の魅力的な部分はどんなところ？

（例：「明るくポジティブなところ」「仕事を楽しんでいるところ」「目が大きいところ」「歯並びが良く笑顔がキレイなところ」）

● 幼い頃から好きだったテイストは？

（例：「お花」「可愛らしいもの」「コスメ」「水色」）

●今世で立たないと決めた土俵は？
（例：「クールでかっこいい感じ」「専業主婦」「キレイ系」）
●ロールモデルは？
（例：『プラダを着た悪魔』のアン・ハサウェイのおしゃれさ」）
●本当はこんな自分になりたい！　という隠れた願望は？
（例：「気兼ねなく洋服を変えるくらいの経済力が欲しい」）
●今の自分から改善したいところは？
（例：「収入を増やしたい」「もう少し痩せてスッキリと洋服を着こなしたい」）

もしワークで例のような言葉たちが浮かんだら、
「毎日とびきりオシャレを楽しむ、笑顔が素敵な可愛い系バリキャリ女性」
のような1行にすると良いかもしれません。

ぜひ自分自身のお気に入りの部分を強調し、自分のなりたい方向性を示すような1行を考えてみてください。

組み立て方のイメージはこんな感じです。

① ○○（**強調したい自分の魅力**）な
② ○○（**自分の本心から生まれた、なりたいイメージ**）で、
③ ○○（**具体的なロールモデルの印象**）な人

「上品な装いで優しい話し方、オーラが高貴で高級感のある人」や「明るくて褒め上手。そこにいるだけで太陽みたいなバリキャリママ」「ナチュラルで自然体、親しみやすさのある親切な人」など、なんでも良いです。

たった1行の言葉かもしれませんが、SNSや美容広告、親や周りの人など、自分以外の誰かの価値観ではなく、自分と向き合い、自分の中から生まれた「美学」はあなただけの特別なものに違いありません。

よくある言葉であっても、ここまで自己分析をした背景があって生まれた言葉は解像度が違います。

smile
skil up
coffee
make up

解像度が高ければ高いほど、あらゆる選択と行動の指針となり、その選択と行動のすべてが自分の魅力を最大限発揮してくれることにつながります。

そしていつも自分の美学に沿っているので一貫した印象を人に与えてくれます。

わかりやすい例を出すと、1枚の白シャツを買うときも「上品な装いで優しい話し方、オーラが高貴な人」の場合、シルクの光沢が美しい、とろみのある質感のシャツになるかもしれませんが、「明るくて褒め上手。そこにいるだけで太陽みたいなバリキャリママ」だとハリのあるかっこいいシルエットやハイブランドのものかもしれません。「ナチュラルで自然体、親しみやすさのある親切な人」はコットン素材の柔らかな質感だったりするでしょう。

そんな風に細かく自己ブランディングしていくことが、自分自身の見た目を変え、人からの印象を変え、扱われ方を変えていきます。

美学を持つと、世の中を見る目が変わります。

当たり前の話ですが、ただ目の前の景色を見たときと、黄色いものを探そうと思って見たときとでは、後者のほうが黄色い物に注目しますよね。

心の中に美学を持っておくということは、**日々のあらゆる情報を自分の「美学」というフィルターを通して見るようになり、そうすることでより必要な情報をキャッチアップすることができるようになる**ということです。

私も「写真で見るとキレイで、実際会うと可愛くて、喋ると面白い、美的センスのある素直な女性」という美学を心の中に持っていることで、カジュアルな服はあまり着なくなり、キレイに見えるものを選ぶようになりました。その結果、クローゼットの中の雰囲気が洗練されていきましたし、友人と話していても「今の可愛い……！」と思う仕草や言動に以前より気がつくようになりました。

話すと面白い人になるためには、いろんなことにチャレンジして人生経験を積みたいと思ったので、仕事でも新しいことにどんどん挑戦するようになりましたし、美的センスを磨くために、休日は美術館に行ったり、絵を描いたりすることが増えました。

そうすると周囲からも「ぱっと見キレイ系なのにギャップがあるよね」とか、「オシャレなカフェ教えて！」と言われる機会が増えていったのです。

また、**迷ったときにも、美学が一歩踏みだす背中を押してくれたりもします。**

私もこの本の企画書を書くと決めたときは、これまで執筆の経験もなく、正直なところ不安な気持ちもありました。しかし、「話すと面白い人は本の一冊くらい出してないでどうする。それでいて美的センスがある人なんだから名刺代わりになるような代表作があるべきじゃないか！」という思いで自分を奮い立たせました。

誰かにやれと言われたことではなく、自分の美学に則って行動を起こしたので、モチベーション高く頑張れますし、実際にこうして書籍化を果たせたので「美学」の威力は本当にすごいです。

「美学」は一度決めたら終わりという訳ではなく、ワークを日々行う中で新たな価値観が見つかることもあるので、変わっても大丈夫です。徐々にブラッシュアップされたり、言葉を言い換えて遊んでみたりすることでよりぴったりの表現が見つかることもあるので、時間があるときに定期的に見返して、常に自分史上一番しっくりくる1行を持っておいてくださいね。

しっくりくる自分の美学を一行で考えてみよう

▼書き出してみよう!

Part
4
「自分なりのキレイ」を体現する

キレイになることを許可する

ここまでの章を通して、「センス」の磨き方を知り、あなただけの「美学」が見つかりました。

ここからはもっと詳しくどのように活用していけば良いのかを紹介していきます。

そもそも自分なりのキレイを体現できるようになったら何がしたいですか？

キレイになることで、どんな気持ちになり、どんな得をしたいですか？

- **今よりも自分を好きになりたい**
- **周りと比べない自分になりたい**

●人から好かれる確率を上げたい
●強くなって容姿で病まない自分になりたい
●鏡を見るたびテンションが上がるようになりたい
●メイクやファッションをより楽しめるようになり、人生を豊かにしたい

胸の中にある「キレイになりたい」という気持ちを深掘りしていくと、このような様々な想いがあると思います。

私は、たった一度の人生なのですから、自分が得られる限りの幸せをすべて手にしたい。そのためにも、自分という素材を最大限に活かし、魅力的であるべきだと考えています。

そして、冷静に自分の良さを見極め、センスを持って表現すれば、どんな方でも必ず素敵になります。

とはいえ、

「外見にばかりこだわって中身が空っぽじゃ仕方ない」

「外見でしか判断しない人間が苦手だ」

「外見なんて所詮生まれ持ったものであり、自分は恵まれなかったほうの人だから」

という理由で外見にこだわることに抵抗感がある方も中にはいるかもしれません。


ここまで読んでくださった方にはおわかりいただけると思いますが、外見は純粋に、見た目・容姿であると同時に、自分の内面を表現したものであるという側面もあります。

バリキャリになって稼ぎたい→仕事ができそうな服を着る
自分のことを好きになりたい→幼い頃から変わっていない自分の好みを体現する

このような内面があるからこそ、外見をどう見せるか取捨選択しているのです。

外見にこだわることに抵抗感がある人でも、せっかくこだわりの内面があるのに、外見で勘違いされてしまってはもったいないと思います。

内面も外見も含めて、「こうなりたい」という自分の欲求に素直になったほうが、人生が思い通りの方向に進むに違いありません。

これから今よりもさらにキレイになるにあたり、まず初めに大前提としてお伝えしておきたいのが**「自分の外見は自分のもの」**ということです。

痩せてようが太っていようが基本的に自由ですし、どんな見た目になるかに誰かの許可は必要ありません。

自分だけの「美学」が見つかったとき、もしかしたら今までの自分の印象と180度方向転換したくなることもあるかもしれません。

例えば「今までスポーツ一筋でおしゃれなんてしたことなかった。けれど、自分の本心に目を向けると、もうスポーツはやりきったからこれからはおしゃれを楽しみたい」という気持ちの存在に気がついたとします。

そうすると、「いきなり洋服の系統を変えたら周りに笑われちゃうかも……」という考えがよぎることもあるでしょう。

他にも、「異性関係に厳しかった親の前で色っぽいファッションをすることに気が引ける……」「私は可愛いキャラじゃないから」など、あらゆる周りの目が気になり、どこか抵抗感や気恥ずかしさを感じるかもしれません。


ですが、あなたがどんな見た目になろうがあなたの自由であり、「こうじゃなきゃいけない」なんてことは一切ありません。

自分が選んだパートナーの希望があれば、パートナーの意向をある程度汲み取ってもいいかもしれませんが、基本的にあなたの外見は親のものでもなく、友達のものでもありません。

なのでまずは、**自分で自分に「自分なりのキレイを思いきり表現する」ということを、許可してあげてください。**

あなたの中に生まれた「美学」は、あなたが自分で表現してあげようとしないことには日の目を浴びることはありません。黙ってじっとしていれば誰かが汲み取って再現してくれるなんてことはあり得ないのです。
「おしゃれさんになりたい・そう見られたい」と思っているのに、恥ずかしいからジャージのままでいて、周囲からいつまでも「スポーツ少女扱い」されるのはすべて自分のせいです。

自分の「美学」にそぐわない外見をしておいて、人から勘違いされたり、自分のことをいつまでも好きになれないのは自分自身の責任です。

そのためにはどんな自分になってもいいということ。
そして、自分の容姿をどう魅せるかは、自分次第であるという前提を持っておいていただきたいです。

ここからは、PART2で練り上げた自分だけの美学を使って、具体的にどんなふうに体現していくのかを、垢抜け・マインド・暮らし・アイテムの4つの項目に分けてお伝えしていきますね。

垢抜けの美学

なりたい自分を叶える「ムードボード」のつくりかた

ムードボードとは、デザイン関連の分野でよく使われる用語ですが、簡単に言うとビジュアルコンセプトやアイデアを視覚的に伝えるためのツールです。

本来のムードボードは、色、テクスチャ、画像、素材サンプルなどを組み合わせて、特定のスタイルやテーマ、雰囲気を表現するもので、例えば映画制作やインテリアデザインなどのクリエイティブプロジェクトが動く際、そのビジョンや方向性を明確にし、共有するために作成されます。

これをPART2で見出した自分の「美学」をもとに作成しましょう。

やり方は簡単です。スマホで自分の「美学」に添ったスタイルの画像や動画を集めて、自分だけのムードボードフォルダを作成するのです。

私はPinterestというアプリを活用していますが、実際に雑誌を切り貼りして1枚のボードを作成しても良いでしょう。

その場合「ムードボード」や「ビジョンボード」で画像検索すると他の人が作ったイメージが多数出てくるので参考になるかと思います。

例えば私であれば、「写真で見るとキレイで、実際会うと可愛くて、喋ると面白い、美的センスのある素直な女性」が自分の美学ですが、これだけだとかなりふわっとしており、実際にどんなイメージなのか掴みにくいですよね。

なのでこれらを細分化した画像を集めます。

自分と同じ高身長で、キレイに見えるファッションを探してみると、色味はモノトーンや落ち着いた色味が多く目につきます。

ふんわりとした雰囲気よりも、すらっとしたボディラインが強調される洋服のほうが良さそう。髪型はツヤとまとまりはあるが、揺れると動くようなロングヘアがキレイと可愛さを兼ね備えて見えます。

話し方はあまりハキハキしたクールな印象というよりも、明るくてよく笑うほうが「動くと可愛い」を体現しています。例えば同じ石原さとみさんでも、ドラマ「アンナチュラル」ではなく、「地味にスゴイ！　校閲ガール」のときの石原さとみさん。美的センスがある女性は身近なデザイナーの先輩がわかりやすいです。芸能人で表すならモデルの梨花さんのようなイメージ。ファッションもインテリアも洗練されており、どこを切り取ってもおしゃれです。

このような感じで、どんどん具体的なイメージを集めていきます。

海外のスナップでも、日本のドラマでも、女優さん、モデルさん、芸能人、友人、母親や家族など、自分の「美学」に当てはまっている要素があるものをかき集めていきましょう。

mood Boad

洋服やメイクだけでなく、インテリアなど暮らし方、乗っている車、仕事、家族やパートナー像がイメージできるものを集めても良いです。

このムードボードを作成することのメリットは、**自分の「美学」が明確になり、自分の潜在意識に具体的に共有され根付く**ところにあります。

その結果、そのうち特に意識しなくても、無意識レベルで良い選択ができるようになり、周りから見ると自分軸があり一貫した魅力的な人に映ります。

人は案外無意識で選択することのほうが多いので、この無意識レベルの選択を変えると外見や雰囲気も一気に変わります。

また、どんなプロジェクトも、目的地やゴールが明確化されていないと達成することができません。

「自分なりのキレイを体現する」というプロジェクト達成に向けてイメージを可視化しておくことは必須なので、自分の「美学」にピンときた画像は逐一フォルダに保存しておきましょう。

作成したら、夜眠る前に見返したり、洋服を購入する際や、何か迷ったときなどに定期的に見返すようにしてください。ボードにした場合は毎日目につくところに置いておくのがポイントです。

最短で自分史上最も垢抜ける方法

SNS上では日々、あらゆる垢抜け法が発信されていますが、ただ痩せる、流行りのコスメや洋服を買う、パーソナルカラーに合わせる、今っぽいヘアスタイルにする、というだけで、果たして本当の意味で垢抜けるでしょうか？

私はそうは思いません。

垢抜けるためには、やるべきことも取り掛かる順番も、人それぞれ全く違うからです。センスが良く垢抜けている人はその辺りを客観視できる人であり、無駄な努力や遠回りをすることなく最短で自分史上最も垢抜けている状態を日々更新しています。

では、どうすれば自分史上最大に垢抜けられるのでしょうか？
そのためにはまず世の中で一般的に言われている、「美人」の定義について知っておきましょう。

美しい人というのはいわゆるバランスが良い人です。

次のページのような六角形をイメージしていただきたいのですが、基本的に、この「肌」「体型」「ファッション」「髪」「歯」「メイク」の六角形がなるべく大きくて均等に近い人を美しいと感じます。

その理由はバランスが良いほうが生物として子孫を残しやすいと感じるなどの生物学的な視点、他にも心理学的、文化的な理由が複合的に関わっているのですが、もし垢抜けたいのであればまずはウィークポイントとなっているところの改善を優先事項の一番に持ってきて、最初に時間とお金を費やすのが良いでしょう。

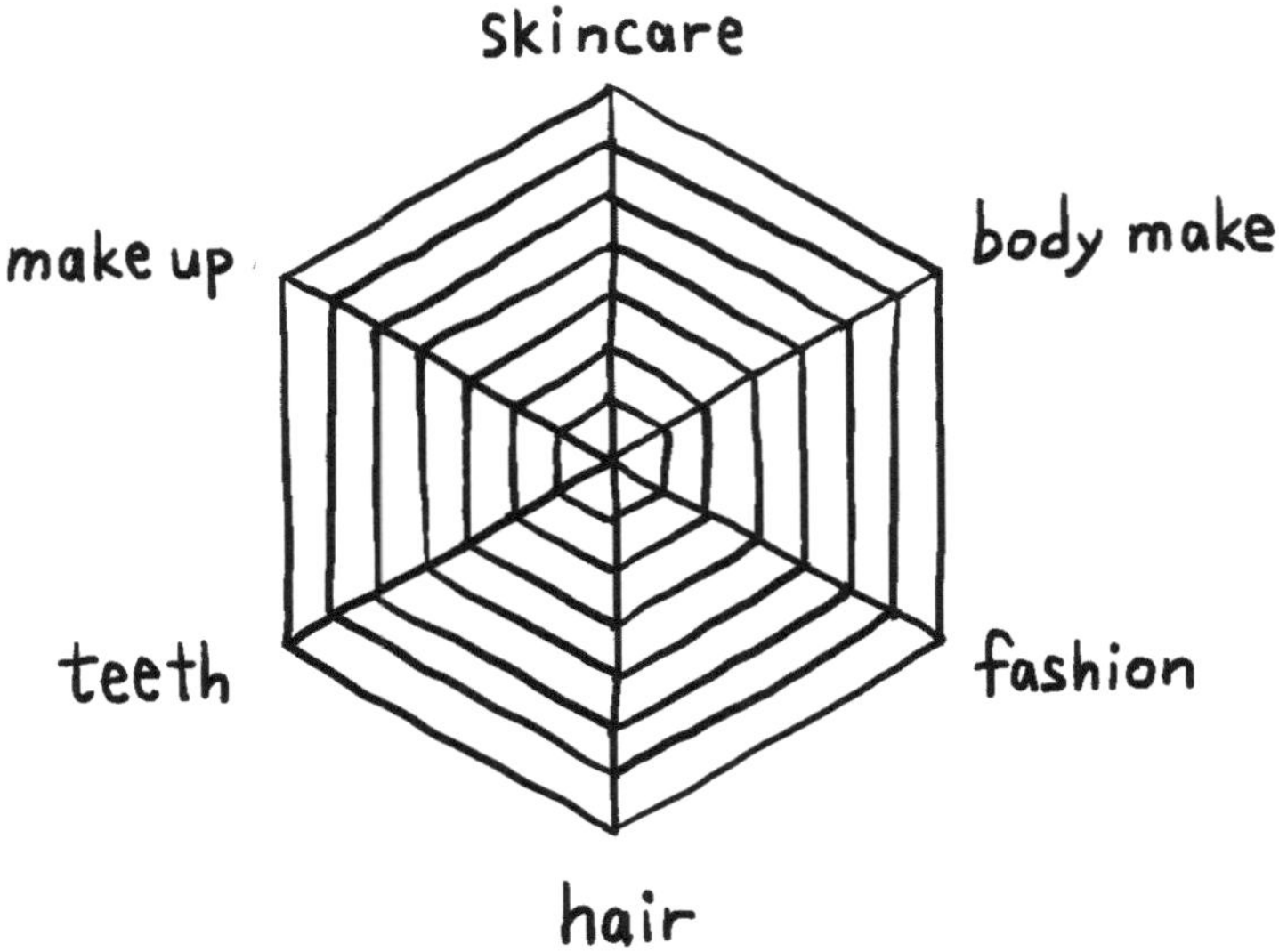
Skincare
body make
fashion
hair
teeth
make up

どういうことかというと、「今よりもキレイになりたいから、ローンを組んで全身脱毛に通うことにした！」と言う女性の歯並びがガタガタで黄ばんで見えていたらどうでしょう？

「毛なんて一旦剃刀で剃っておけばいいんだから、その前に歯列矯正やホワイトニングをやったほうがキレイになれるのでは……？」と思いませんか？

極端な例ですが、**案外自分のこととなると客観視できなくなる人は多いです。**

誰しも、本当に痛いところは目を瞑ってしまうのです。

体型のせいで素敵に洋服を着こなせないと悩んでいるのにもかかわらず、次々新しく可愛い洋服を購入してしまう方は多いですが、そのお金を先にパーソナルジムや、体に良くてヘルシーな食材に使ったほうが早く垢抜けます。

体のラインが綺麗であれば、シンプルな洋服も素敵に着こなせます。

私自身も歯並びが悪いことがずっとコンプレックスでしたが、歯列矯正は時間もお金もかかるし、痛いし大変なので、いい大人になるまでずっと決意できずにいました。「歯並びを治したい。でも大変そうだからできれば歯列矯正を避けてラクして簡単にキレイになりたい」と思っていたのです。

結果的に、新しいコスメを試すよりも、髪色を変えるよりも26歳で決意した歯列矯正のほうが何倍も垢抜けました。

このように、自分が若かった頃を振り返ってみてもそういった節は多々あったので、耳が痛い話だということは重々承知していますが、**勇気を出した分だけ確実にキレイになれる**のが垢抜けです。

気が重いことほど、劇的な変化が望めます。

一度自分自身を客観的に見て、187ページの六角形を書いてみてください。（このシートは巻末の二次元コードからダウンロードできます）

① なるべく客観的に、各項目点数をつける

② それぞれの項目ごとにやるべきことと予算を書き出す

③ ウィークポイント（一番点数が低いと感じているところ）から優先的に、集中してお金と時間を掛け、改善に取り掛かる

もし自分で①や②がわからなければ、正直に意見を伝えてくれる、信頼できる人に聞いてみても良いでしょう。家族や友人でも良いですが、言いづらいことでもあるので、パーソナルカラー診断士さんや、外見にまつわるコーチングをされているプロに頼ったほうが良いかもしれません。

私は年に一度このシートを見返して、自分自身を客観視するようにしています。そうすることで、自分の成長をより一層感じることができます。

誰しも、なかなか結果が出ないことを頑張り続けるのはつらいですし、途中で諦めたくなります。

この方法であれば、伸び代が大きい順に潰していくので、変化がわかりやすく、結果が出るのも早いのですぐにキレイになれてモチベーションが下がりません。
また、他人と比べず、過去の自分と比較しているので、六角形が均等に大きくなった分だけ自分に自信を持つこともできますし、その結果人から褒められる機会も増えます。
男女ともに容姿が良いことで得をする場面は多いですが、大掛かりな整形をしなくても努力次第で、別人レベルになれる可能性があります。

センスよく最短で垢抜けるためにも、現実と向き合うことは欠かせません。

それをただただ「つらい、自分なんて……」と思うか、「やった！ 伸び代がまだまだあるじゃん♪」と喜べるかは自分次第です。自分なりのキレイを体現している人は、間違いなく後者の人です。

センスの良さが際立つ「余白」

バッグの中身がいつも物でパンパンになっていて、閉まっていない。

時間に常に追われて、身だしなみに構っている暇がない。

毎日をそんな風に過ごしてはいないでしょうか？

たまにそんな日があるのは仕方ないと思いますが、センスがあって、素敵に見える人に必ずあるのが「余白」です。


デザインの世界でも、「余白」は大切です。

情報が多すぎると、自分も、周りの人も、混乱して処理に疲れてしまうからです。


私はドラッグストアに入るといつも、商品のパッケージやあらゆるＰＯＰが「こんなメリットがあります！」「安いです！」「買ってください！」と、一生懸命話しかけてくるような感覚になり、少々疲れてしまいます。ものすごく余裕がなく見えてしまい、「素敵か？」と聞かれると、ちょっと回答に悩みます。むしろ素敵なものほど、セレクトショップのように、広々とした空間に上品に並んでいたほうがより一層魅力的に感じられませんか？

これを容姿に置き換えると「頑張りすぎ」「張り切りすぎ」の状態とも言えるでしょう。リラックス感のなさは一緒にいる人も息が詰まってしまいますし、本人も少しもったいなく見えてしまうので、余白をあえて作るようにしてあげましょう。

例えばメイク一つとっても、大きく、透き通った目が印象的で可愛らしい印象の女性が、バサバサのまつ毛、真っ赤なリップに濃い眉、派手なチークをして、顔周りに大ぶりのアクセサリーを身につけていては、せっかくの美しい瞳に目が行きません。

一番の特徴である目を際立たせるために、目がしっかりと見えるシンプルなヘアスタイルにし、まつ毛パーマでまつ毛を扇状に広げる。しっかりと瞳に光を取り込んだら、主張の強すぎないリップ、ナチュラルな血色のチークにしたほうが、ずっと素敵に見えそうではないでしょうか？

余白はあえて作ることで、重要な要素を際立たせる役割を果たします。

センスが良く自分を素敵に魅せられる人は、必ずこの引き算をうまく操っています。美学のワークで見つけた自分の良いところ・好きなところを最大限発揮するために、控えめに見せたほうが良いところも意識し、余白を持たせると良いでしょう。

外見だけでなく、内面でも「余白」を意識することで、魅力的に見えます。

常に頭の中がいっぱいで時間に追われていると、何より自分に余裕がなくなり、しなやかさやゆとりに欠け、そんなときほど何か些細なことがきっかけで心がボキッと折れてしまいます。

すべてのことにおいて、「頑張れない自分はダメだ」「完璧にできない自分が悪い」などと思う必要はありません。やりきれないときは、**「ま、そもそも生まれながらに十分魅力的な存在なんだけどね」**ということを忘れず、柔軟に生きることも、素敵に見える一つの要素です。

美学を体現するマインド

美学を元に、自分に自信を持つ方法

「自分に自信を持ちたい」と思っている人にお聞きしたいのですが、果たして今日のあなたは自己ベストを尽くせていますか？

すべてやりきった状態が１００％だったとしたら、自分の美学を何％くらい表現できていると言えるでしょうか。

朝起きるのが面倒で、ヘアセットが中途半端になっていたり、メイクが雑になったりしていませんか？

靴が汚れていたり、ニットに毛玉がついていたりしていませんか？
もう少しお腹の肉を落としたいと思いつつ、お菓子を食べたことは……？

厳しいことを言うようですが、どこかに引け目を感じていて、できない言い訳を残しているうちは、自分に自信を持つことは難しいです。
自信とは、「自分を信じる」ということ。
自分の目標や願いを裏切る行為をしていてはいつまで経っても自分を信じることなんてできません。

もし自分でこうしたいという願望があるなら、しっかりと叶えてあげるために、その日にできる自己ベストは尽くすべきです。

逆に言えば、例え恵まれた容姿でなくとも「これ以上ないくらい自分は頑張った！」という自覚があれば、誰でも自信は持てます。

この際はっきり言いますが、**自信を持てないのはブスだからではなく、「ブスだから」を言い訳にして日々自己ベストを尽くしていないからです。**

自己肯定感は思い込みや生まれ育った環境が強く影響するものでもありますが、自信は自分でコツコツ積み上げていくものです。

ちなみに、**ただただストイックになることと、自己ベストを尽くすことは違います。**

例えば、「痩せたいから、毎日1000kcal以下で過ごす」「1日1食にして空腹を我慢する」など、極端なダイエットを続けていると心や体を壊してしまうことは明らかです。

それは自己ベストを尽くしているとは言えません。

歌手が毎日毎日1日中歌の練習だけを全力でしていては、すぐに喉を壊してしまい歌えなくなりますよね？　本番で良いパフォーマンスをするためにも、喉を酷使するのではなく、時には休むことも自己ベストを尽くすことにあたります。歌の練習以外にも、走り込みや筋トレをしたり、他の人のライブを観てパフォーマンスを学んだり多角的にアプローチすることも、歌手として技術力を磨くことにつながります。

同じように、**外見において自己ベストを尽くすことは、自分の心と体を大切に守りながら、日々、その日にすべきこと・できることをやり抜くということです。**体を壊すような無茶なダイエットをすることではありませんし、心を壊すほど自分を責めることでもありません。自分との小さな約束を守り続けるだけで良いのです。

その上で、「これまで自己ベストを尽くしてきたけど、いつまでも自信を持てないんだ！」という方は、おそらく自分以外の誰かの基準で容姿を磨いてきた人ではないでしょうか？

世間が言う流行りの美しさや、家族や恋人など他の誰かが望む容姿になろうとすることは、他人の価値観を生きることであり、流行り廃りがあり、不安定で軸がないからこそ、心から自信を持つことは叶いません。

だからこそ、PART2で見出した「美学」が重要です。

「美学」は人と比較することで生まれたものではなく、自分の中から生まれたものなので、そこに向かって忠実に行動していけば、絶対的な自信がつきます。

① 正しく自己ベストを尽くすこと

② 自分の中から生まれた「美学」に従うこと

この2点は「自分なりのキレイ」を体現するために重要なことなので、必ず心得ておいてください。

オフの日を設けてもっとキレイになる

ダイエット中にもチートデイ（好きなものを好きなだけ食べてOKなお楽しみの日）があるように、自分自身にもオフの日を設けて、思い切り肩の力を抜く日を作ることも大切です。

私も、誰にも会わない日や、1日中映画や本に没頭する日、海や山など自然の中で思い切り遊ぶ日など、月に何日間かは身だしなみを一切気にせず過ごす日を設けています。その日ばかりは最低限のことしかやりません。

最低限の身だしなみとは、「1日中家にいる日でもスキンケアはしてSPF20くらいの日焼け止めだけは塗る」くらいで、あとは髪がボサボサだろうが、パジャマのままだろうが何だってOKです。

実家にいた頃は、「あんたもしかして1日中そのひどい格好でいる気なの？」と親に言われることもあるレベルでしたが、そんな日の自分のことをダメだなんて一切思う必要はありません。

何を言われようと、「え？　そうだけど何か問題ある？」と思っていました。

オフの日は、お肌や髪、体を休め、気疲れを取り、本来の自分の美しさを取り戻す大事な習慣です。

メイクやヘアセットは少なからず肌や髪に負担をかけますし、毎日毎日身だしなみを完璧にこなすのは大変なときもあります。だからこそ、オフの日には自分の心と体に「いつもありがとう」という感謝の気持ちを持って、ゆっくり休ませてあげます。

そうすることで、疲れ気味だった自分の心や体が癒され、「明日からまた人に会うときは素敵な自分でいよう！」と思い、気合いを入れ直すことができます。

自分なりの美しさをいつも体現している人に会うと、「いつも完璧ですごいなぁ」「到底自分には真似できない」と思いがちですが、見えていないだけでいつでも完璧なんてこともないのです。

だらだらと無理し続け、頑張り続け、その結果中途半端なクオリティで生き続ける

くらいなら、オンとオフをしっかり分けて、オンのときは100%自分のポテンシャルを発揮する。

そのほうが自分自身納得感を持って過ごすことができますし、人から見たときの印象も良くなります。

オフの日をうまくコントロールして、クオリティを保っていきましょう。

自分の笑顔は自分で守り続ける

いつもご機嫌でいられることは素晴らしいことです。

機嫌が良いということは、自分が幸せでいられるのはもちろん、周りまでハッピーオーラで巻き込みますし、結局そんな人間がお金にも人にも恵まれるのだと感じるので、実際にそういった方に出会うと、すごいなぁと心から尊敬します。

本質的に自分を喜ばせる術を知っており、自分なりの気持ちの切り替え方があり、いつもニコニコできる人は当たり前にキレイな人だとも言えるでしょう。やはり人は笑顔が一番魅力的です。

とはいえ、生きていれば、つらいことや理不尽なことに遭遇する場面もあります。身近な人からの些細な八つ当たりや嫌味、職場のパワハラ・痴漢などの犯罪……普通に生きているだけで、自分は何も悪いことをしていなくとも不快な気分にさせられてしまうことがあるのが世の常です。

そんなときでも相手を恨まず、自分がご機嫌になれることに取り組み、気持ちを切り替えるというのはなかなか至難の技ではないでしょうか？　完璧にできている人なんていないように感じます。

だからこそ、少しでも笑顔でいられる自分を守り抜くために全力を注がなければなりません。中途半端な気持ちでは不快な出来事にうっかり巻き込まれる回数が増えてしまうからです。

「自分の機嫌を自分でとる」と言うと、あくまで一過性のその場その場でやり過ごすようなイメージがあるので、私はあえて**「自分の笑顔を守り続ける」**という言い方をしています。

どんな違いがあるのかというと、例えば、ダイエット中にストレスが溜まり、甘いものをドカ食いしたくなったとします。欲望のままに食べてしまえばその瞬間「自分の機嫌を自分でとった」と言えるでしょう。ですがまた太ってしまったり肌荒れしてしまったりと、ストレスがやってきます。

そんなとき「自分の笑顔を守り続ける」と考えた場合はどうでしょうか？

最終的にダイエットの目標を達成して笑顔になれるよう一旦我慢をすれば良いでしょうか？

それだと今の自分の笑顔を満たすことはできませんよね。

私なら自分の笑顔を守り抜くために少しだけ食べて、その後なぜドカ食いしたくなるのか、体や脳のメカニズムについて調べます。ちょっと満足させて、気力を蓄えた上で今後そうならないためにはどうするのが良いのか考えるのです。

血糖値が低下し続けるような食事をしていたのかもしれません。仕事が忙しい時期に無茶なダイエットに取り組んでいたのかも？　暇を持て余しているせいで食べたくなっているパターンの可能性もある？

このように、なぜ今自分はつらいのか、笑顔でい続けるためにはどうすれば良いかを考え、徹底的に取り組みます。

参考までに私が「自分の笑顔を守るため」に心掛けていることを挙げておきます。

- どういうときに嬉しくなったり機嫌がよくなったりするか考え、リストにしておく
- 付き合うと気分が下がってしまう人とは縁を切る
- 自分も嬉しい、相手も嬉しいのＷＩＮ－ＷＩＮの関係を築く
- やらされ仕事を減らし、ワクワクできて人に喜んでもらえるものだけにしていく
- 旅行やライブなど、少し先に楽しみなイベントを予定しておく

- 絶対に笑える動画を保存しておく
- 将来のための貯蓄とは別に、嫌なことがあったときに自分のために自由に使っていいお金を貯金しておく
- 嫌なことがあったら、はっきりと伝える（そのためにも普段から自分の気持ちの言語化能力を上げておく）
- 落ち込むことがあったとき、考えうる改善策は徹底的にやってみる
- どうしても頑張れないときは、自分を責めるのではなく、さっさと観念する
- 普段から人を助け、必要なときは素直に周りの人に頼る

簡単なことから、今までの自分の殻を破るようなことまで様々です。

人は笑顔が一番魅力的。
「我慢」では自分の笑顔も周囲の人の笑顔も守り続けることはできません。
自分らしい魅力を発揮している人は我慢をせず、幸せでいることに余念がない人です。

心地よい言葉を話す思考力

話し方や言葉のチョイスは、その人の印象を大きく左右します。

どんなに見た目が美しくても人の悪口ばかり言っていたり、ネガティブな発言が多かったりすると、残念な印象を与えてしまいます。

「もっと上品な言葉使いをしよう」「面白い話ができるようになろう」「なるべく明るい話をしよう」そう思っても、なかなかできない人は多いのではないでしょうか？

実は、今この瞬間から〝言葉だけを変える〟というのは不可能です。

言葉は面白いほどに「思考」とつながっていて、無意識のうちに普段から考えていることや、心の中で言っている言葉が表に出てしまいます。

なので、**言葉を変えたければ、思考を変える必要があります。**

自分の美学が定まることで、考えることも美学に添ったものになり、自然と言葉も変わっていきます。もし自分が思っていることが自分の美学にそぐわないなら、まずは思考から変えていきましょう。

例えば、

●美学「自分に自信があって、いつもポジティブな人」
思考「私なんて……」「あの子と比べて私は……」
↓
「私には私なりの良さがある！」に変換

●美学「天真爛漫で、明るくて可愛らしい人」
思考「嬉しいけどこの場で一人大喜びしたらバカみたいかな」
↓
「めっちゃ嬉しい！　最高！」に変換

●美学「上品で落ち着いた印象のママ」
思考「え？　今日給食なし？　最悪！　お昼用意してない!!」
↓
「給食ないんだね。お昼は出前パーティーしちゃおっか！」に変換思考を変えるイメージはこんな感じです。

特に心の中で話す言葉は、自分が最も聞いている言葉遣いなので、そこから変えるよう心掛けると、自然と放つ言葉も変わっていきます。


他にも、自分の体型についてネガティブな発言がよく出る人がいます。

「私太ってるからこんな服着れないよ～」

「おやつ買っちゃった！　ダイエット中なのに」

（些細な相手の一言に対して）「それって私が太ってるってこと？」

このような発言は、自分の体型についてしょっちゅう考えてしまっているからこそ出ます。

体型を気にしていない人から、この手の発言はまず出ません。

ある一定の言葉をよく繰り返し言う人は、「そのことにこだわっているんだなぁ」ということがわかります。なので、発言を変えたければ嫌なこだわりを手放し、自分の美学にとことんこだわりましょう。

体型にこだわるのをやめたければ、自己ベストを尽くし、それ以上のことは考えない自分になりましょう。そして、美学に合わせて、もし明るい話し方になりたければ明るいニュースを集め、暗いニュースについて繰り返し考えるのはやめましょう。

思考を変える。それだけで、必ず言葉は変わります。

美しい人は人をジャッジしない

人の容姿についてとやかく言うデリカシーのない人が存在します。聞いてもいないのに、体型について指摘してきたり、容姿に対してジャッジしてきたりする人です。そういった方は残念ながら美しくなれない人かもしれません。

過去、とある男性に

「髪の毛がパサパサだからトリートメントをしたほうがいいんじゃない？」
「痩せすぎだからもう少し太ったほうがいいよ」
などと言われたことがあります。

当時美容室のトリートメントもしていたけれど、髪質の問題でキレイに見えづらかったので私自身悩んでいましたし、食事もしっかり取っていたけど忙しくて痩せていただけだったので、伝えてきた本人は「いじり」のつもりかも知れませんが、本当に失礼だなぁと心の中では憤慨していました。

そして一番驚きなのが、なんとそれを直接伝えてきた彼の前歯はタバコのヤニで黒く汚れていたのです。

しばらくして、私は良い美容師さんに出会い髪はツヤツヤになりましたし、仕事も落ち着き適度に体重は増えましたが、数年後偶然彼に再会したとき、彼の歯はまだヤニで汚れたままでした……。

人の容姿をジャッジする側の人は、なぜか自分の容姿も「見られている」という意識に欠けているように感じることが多いです。

男性でも女性でも同じです。年代も関係ありません。


少しでも、「あ、人の容姿をジャッジしてしまっているな」と感じる人は、自分はどうなんだろう？ と自分のことをもっと客観的に見る目を持つようにし、発言には注意をしたほうが良いでしょう。


他にも、オリンピックの中継などを観ながらスポーツ選手の容姿を当然のようにジャッジしている人を多く見かけます。

「この人、プレーはいいんだけど顔が残念だよなぁ」

というような発言を平気でするので驚きます。

テレビの前で何を言うのも自由ですが、オリンピックに出場するほど真剣にスポーツを頑張っている人に対して言うべきではないことは確かです。

本人に直接言ってるわけじゃないんだから良い、ということではありませんよね。

ＴＶのニュースでもスポーツ選手に対して「イケメン選手」や「美女〇〇」などと取り上げているシーンをよく見かけますが、褒めてるから良いのでしょうか？　ではそれ以外の選手はどうなるのでしょう？

肉体美についてのコメントならまだしも、スポーツ選手に対して容姿（顔）の評価は不要であり、選手たちのプロフェッショナリズムと尊厳を尊重すべきです。

容姿のジャッジは、例えば広告モデルのオーディションのように、容姿でお金を稼いでいる人（モデル）と、お金を払う人（広告主側）のような関係性のときくらいで、本来それ以外の場面で出番はほとんどありません。

聞かれてもいない相手の容姿を勝手にジャッジする人は、自分自身から目を逸らしている証拠です。

それでは美しくはなれません。

美しくなりたければ、他人をジャッジせず、自分の「美学」に従い、自分に集中しましょう。

暮らしの美学

ものを捨てて「なりたくない自分」を避ける

「美学」を貫くには、何を取り入れるかの何倍も「何をしないか」が重要です。

そのためにも、定期的に持ち物を見直し、不要なものは積極的に手放すべきです。

というのも、**クローゼットやコスメBOXの中が洗練されていない状態で、自分自身が洗練されるわけがない**からです。

1年以上着ていない服はありませんか？　その服は来年もほぼ確実に着ません。

〝別に今そこまで気に入っているわけじゃないし、自分の今の「美学」には反しているのだけど、まだ使えるから惰性で着ている服〟はありませんか？

2年くらいコスメBOXに入ったままになっていて、おそらく今後も使わないであろう色のリップはありませんか？

こういったものは「自分らしいキレイ」を作る足枷になってしまいます。

自分のクローゼットの中は、一番好きなアパレルブランドのショップだとイメージしましょう。

大人っぽい、シックでおしゃれなセレクトショップが今の自分の美学に当てはまっているのにもかかわらず、クローゼットを開けると昔購入した明らかにその雰囲気にそぐわないヨレヨレのTシャツがあるとおかしいですよね。

そういった**今の自分にとって違和感のあるものは思い切ってどんどん手放していきましょう。**

私はあるときからキャラクターものを一切持たなくなり、今では家に一つもキャラクターが描かれたアイテムがありません。キャラクターグッズは可愛いですが、それぞれの世界観が非常に強いのでごちゃっとした印象になります。

私の美学では、USJではなくシンプルで洗練された印象が好みだったため、その世界観を体現するには少々扱いづらいキャラクターグッズは自然となくなっていきました。ちなみに、同じくして「柄物」も消えました。

もちろん、キャラクターグッズが悪いと言いたいわけではなく、自分の美学に添っているかどうかの問題です。

物を捨てるときのコツは様々ありますが、まずは一つひとつお洋服やコスメなどを手に取り、**自分の「美学」を当てはめたときに「全然違う」「ちょっと違う」「やや当てはまっている」「完全一致」の4段階に分けて考えてみる**方法をおすすめします。

私は以前、クローゼット中の服をすべて引っ張り出し、本当に手放すかどうかを考える前に、ひとまず「完全一致」の1軍の洋服だけをクローゼットにキレイに掛けてみたところ、眩暈がするほど美しいクローゼットに生まれ変わりました。

そこには憧れのお店のような佇まいがあったのです。

恐るべし「美学」。

さっきまではもう掛けるところが見当たらないほどハンガーラックはパンパンで、色の統一感もバラバラ、窮屈そうに詰め込まれた服には変なところにシワが入っていました。


それが3分の1ほどになり、すっきりとリラックス感のある印象に。一つひとつスチームアイロンを掛け、ハンガーを揃えると、それだけで一気にお気に入りの自分になれた気がして、1軍以外の「全然違う」「ちょっと違う」「やや当てはまっている」すべての洋服を手放すと決めました。


重要なのが、「もったいない」「まだ使える」「高かった」と考えないようにすることです。

案外手放してみると、「あの洋服がなくて困る！　なぜ手放しちゃったんだろう……！」と思うことはなくて、全く困りませんでした。

同じくコスメも、使わないものは定期的に手放すようにします。

「もしかしたら使うかも？」と感じるようなコスメを使う日は永遠にこないのに、スペースを奪うのはもったいないからです。

自分にとって似合わないリップやファンデーションも、家族や身内であれば譲りやすいですし、喜んでもらえているので、私はそうしています。

「まだ使えるものを手放すなんてもったいない」と思われるかもしれませんが、この経験により〝気に入っていないものの理由〟を知ることができるので、最終的には〝今後、無駄なものを買わないようになる〟ということに密接につながっています。

今持っているものを手放す損失よりも、今後の長い人生で不要な物を買わなくなることのほうがよっぽど得をします。

環境で「キレイな自分」はつくられる

家の中が散らかっていると、せっかく磨いたセンスを発揮することができません。
そのため、家はきちんと物を整理整頓し、片付けておくべきです。
なぜかというと、センスが良い人たちは、基本的に脳内がクリアな状態だからです。

そもそも、PART1で、センスがある人というのは目的をよく考え、その都度最善のものを決断できる人。そしてその行為は、実は非常に疲れるものだとお伝えしました。

あらゆる邪念や考え事でいっぱいになっていると、その場その場で最善の選択をすることができません。

例えばコーディネートを選ぶときにクローゼットがごちゃごちゃで、一目で洋服が見つからない状態では、脳内もごちゃついてしまいます。

「着たい服がどこにあるかわからない」

「履こうと思っていたスカートにシワが入ってる」

「(洋服を探しているうちに)あれ? こんなのもあったんだ。存在を忘れてた」


このように、コーディネートを選ぶ以外の、無駄な思考が増えてしまいます。

その結果、時間内に最善の選択をするということができない可能性が高くなります。

なので、**クローゼットやコスメBOX、シューズ棚などは常に整理整頓しておきましょう。**何がどこにあるのか一目でわかるようにし、汚れやシワ、毛玉はとってからあるべき場所にしまいます。


季節外れの靴を靴箱にしまうときはチェキのような簡単にプリントできるガジェットを使用すると便利です。

箱の中身の靴を写真に納めておき、プリントしたものを箱の見えやすいところに貼り付けておきます。そうすると一目でどんな靴を持っていたのかがわかるので、「そういえばこんなのもあったな！」という事態を防ぐことができます（これも私の人生のバイブル、漫画『ご近所物語』から得たライフハック）。

あとは、お風呂場も1日の終わりに自分をキレイにするためのスペースなので、美しく保っておくべき場所の一つです。

鏡が水垢だらけでは自分の体型を確認することができないので、気づいたら不健康な身体つきになっていた！　ということもあり得ます。

何年もの間使用しているボロボロのボディタオルではなく、きちんと今の自分の肌に合ったものに定期的に交換しましょう。

同じように、汚い鏡や暗いドレッサーはNGです。

今からキレイになろうと思ってメイクをするのに、自分の顔を映し出す鏡が汚れていては美しくなれるわけがありません。

メイクをする際はアルコールを使ってさっと手垢や汚れを拭き取り、顔全体が映る大きな鏡を使用しましょう。安価な鏡は歪んでいることがあるので、できれば100

均などで購入せず、長く使うものだと思ってしっかりした歪みのないものを選んでください。

それと、太陽光がしっかり入る場所でメイクをするのが一番良いですが、夜に出かける際やお天気が悪い日はそれができないので、しっかりとした明るさのあるライト付きの鏡などを利用しましょう。

私が美大を受験する際通っていた画塾で「良い道具を使わないと良い絵は描けない」と教わりましたが、おおよそ全く同じことがメイクにも言えると思います。

メイクブラシやチップも汚れっぱなしで使い続けている方が多いですが、どんなに優秀なコスメも汚れていたり雑に作られていたりするものではお化粧がキレイにのりません。

お肌をキレイにするために毎日スキンケアをし、努力しているのにもかかわらず、雑菌だらけのパフやブラシを使うのは本末転倒です。

せっかくお金をかけて良いものを購入し、技術やセンスを磨いても、環境と道具のせいでポテンシャルを発揮できないなんて非常にもったいないです。

ですので、クローゼット・お風呂場・シューズBOX、ドレッサーは最低限絶対にキレイにしておくべきエリアです。

それだけでなく、**そもそも住環境とはすべて「キレイな自分を作るクリエイティビティの場」**だと捉えましょう。

勉強机の上にお菓子や漫画・昔のアルバムが散乱していては気が散って勉強に集中できませんし、そんな状態では成績は上がりませんよね?

そう考えると、家が散らかっていては素敵な自分を作ることはできません。

住環境も、キレイな自分を作る場所だとしたら、どんな状態にしておくべきかは自ずとわかると思います。

「自分を変える」暮らし方

180ページで作ったムードボードに話を戻します。ボードを作成したら、最初のうちは少しだけ意識して過ごしてみてください。意識するタイミングは具体的に次のような瞬間です。

- **お買い物のとき**
- **朝、コーディネートを組むとき**
- **人に会うとき**
- **家で一人で過ごすとき**
- **新しいコスメを試しに行くとき**
- **美容室を予約するとき**

このようなタイミングにムードボードを見返し、できる範囲でいいので一つひとつ取り入れてみるようにします。最初はあえて意識しないと、日々の習慣にまで根付いていきません。

例えば、今までだったらいつもの美容室を予約してから希望の髪型を探し始めていたところを、先にムードボードの中からヘアスタイルを選び、得意そうな美容師さんを探すようにしてみる。

デニムを履く際、ショーツの上からそのまま履いていたけど、ガードルも履くようにして、ちゃんとお尻が上がっているように見せてみる。

家で過ごすときは適当にお団子にしていたけど、可愛いヘアクリップに変えてみる。楽だからスニーカーばかり履いていたけど、洋服に合わせてたまにはヒールを履くようにしてみる。

このように、ほんの少しだけ審査を厳しくするようなイメージで大丈夫。ただそれだけでも、ずいぶん人からの見え方は変わります。

今までは「なんとなく」でチョイスしていたものに、少しの意思や目的が入ると、選ぶものも使い方もガラリと変わるからです。

まずは今度洋服を買いに行くときに、頭の片隅で意識してみるくらいがおすすめです。

シーズンごとに洋服を追加で購入するタイミングがあると思いますので、そのときにムードボードを見返してみてください。

ちょっと手間だなと思うかもしれませんが、この習慣には他のメリットもあります。同じような経験がある方も多いかと思うのですが、たまにお洋服をその場のノリと勢いで購入し、後々「なんでこんなの買ったんだっけ？」という気持ちになったことはないでしょうか？

ムードボードを最初に意識して慎重にお買い物をすると、こういったミスが減り、効率的に一番良いお金の使い方をすることにもつながります。

無駄なものにお金と時間を使うことは「自分なりのキレイ」を体現することと真逆の行為なので、やらなくなった分、早くキレイになれます。

そして、**愚直に続けているとわかってくるのですが「美学」を貫くには、何を取り入れるかの何倍も〝何をしないか〟が重要だということを実感できます。**


もしも、自分の美学に「上品」というキーワードがあれば
「こんなヨレヨレのパジャマって着るのかな？」

『『マジ』とか『ヤバイ』という言葉ではなく『本当に』『すごい』と言うよな……」

「コンビニに入ったついでにカップ麺は買わないよな……」

というように、今まで当たり前に行っていた習慣に疑問が生まれてきます。

そういった「美学」に反した習慣も、少しずつでも良いのでなくしていく意識をします。


ちなみに、**できなかったからといってすぐに落ち込まず、気づいたときにできれば十分です。**

今までなかった習慣を増やしたり、審査を厳しくしたりするのですから、気づかな

い程度でも必ずちょっとしたストレスがあり、無意識のうちに疲れてしまっているかもしれません。

また、人間は基本的に変化を嫌う生き物であり、本能では「なるべく昨日と同じように暮らしたい」と思っているからこそ、一気にガラリと変わることは不可能です。

そもそも急激な変化を目指すのは強いストレスの原因にもなるのでやめましょう。

小さな心がけを重ねるだけで、数年後には「あれ!? なんか全然別人じゃない!?」と言われるようになるので大丈夫です。

まずは毎日目に入るスマホの待受画面を、ムードボードのスクリーンショットに変えたり、憧れの人に設定してみるのがおすすめです。

日々のスタンダードを上げて、「ダサい人」から卒業する

ダサい人は、センスが良い人と逆で「知識」と「経験」が少ない人です。

- いつもワンパターンなメイクしかしない人
- もう何年も決まったブランドしか見ない・着ない人
- 今まで全く外見で「冒険」をしたことがない人

普段そういった知識や経験を身につける習慣がない人が、ある日突然垢抜けようとして、ガラリとコスメや洋服・髪型を変える冒険をすると、大抵ダサくなります。

例えば、友達の結婚式に参列するとき、普段はしないヘアセットを予約したら、微妙な髪型にされてダサくなった……という経験はないでしょうか？（私はあります）

すごく崩れやすかったり、なんだかおばさんくさくなったり、「せっかくお金をかけたのに～」と残念な気持ちになりますよね。

これも、普段から多少失敗しても大丈夫なちょっとしたディナーのときなどにヘアセットを利用し、良い美容室をストックとして持っておけば、大事な結婚式の参列というタイミングで自分の髪型を気にして過ごす必要がなくなります。

おしゃれな人は普段から情報収集をして、知識を増やし、いきなり大きな冒険ではなく、ちょっとした冒険を繰り返し失敗と成功体験を経験しています。

そんなのお金がかかって仕方ない……と思うかもしれませんが、タダで学べるものはその程度の知識と経験しか身につきません。

TOEICのように点数がなく、簿記のように資格がないからわかりづらいけれど、センスもお金をかけて経験を積んだほうが圧倒的に磨かれます。センスが良い人はセンスが良くなる活動に圧倒的にお金をかけているのです。

大失敗してダサくなることを避けるためには、日々のスタンダードをコツコツ上げていくことが重要です。

- 同じコスメでも毎日少し違うメイクをするのが当たり前
- 毎回丁寧にフルメイクするのが当たり前
- 姿勢が良いのが当たり前
- 食事に気を使うのが当たり前
- 絶対に試着するのが当たり前
- 気に入ったアイテムは色違いで購入が当たり前

このように、いつもの当たり前レベルを少しずつ上げていくことで自然と知識と経験が身につき、垢抜けます。

モデルさんなど、キレイな人が「特別なことは何もしていません」と言うのは、当たり前のレベルが高いからです。特別なことが彼女たちにとって当たり前なのです。

美学を体現するアイテム

ジュエリーで手を抜かない自分になる

私はジュエリーデザイナーという仕事をしているので、手前味噌に感じられるかもしれませんが、日々ジュエリーに触れる中で、ジュエリーを身につけるという行為そのものがキレイを加速させると確信しています。

というのも、装飾品の中でジュエリーは唯一「別になくても良いもの」なのです。

服は着なければいけないし、バッグもないと不便です。

靴も履かないと外を歩けません。

ジュエリーはどうかというと、なくてもなんら困ることがないのです。

あったほうが良い場面はあっても、ないからといってドン引きもされません。

ですが、**もし身につけるのであれば、手抜きは許されないのがジュエリーです。**

寝起きのままのボサボサ髪や、すっぴんにボロボロ着で素敵なハイブランドのジュエリーを身につけると、どうにも違和感があって見えます。

何十万とする貴金属や宝石を身につけるのであれば、それ以外の要素が相応しい自分でないと似合わないのです。

基本的に、18金やダイヤモンドといった高級ジュエリーを身につける習慣がある人に、身だしなみが雑な人はいません。海外のスナップを見ても、何歳でも、ジュエリーを身につけている人は決まって洋服も髪型も自分なりに整えています。身だしなみをきちんと整えて外に出るということが当たり前になっているのです。

何年もそういった習慣でいると、当然ながら必然的にヘアメイクの技術は上がりますし、こだわった分だけ着る服も徐々に洗練されていきます。

これを実感したのが、新卒から4年半勤めたジュエリーブランドの会社です。

自分自身を含め、入社時は洗練されておらず、どこか芋っぽさが残るスタッフも、自分のためにジュエリーを購入し、日々きちんとした身だしなみにすることで、1年後には見違えるほど美しくなります。当時の職場は、そんなキラキラした自分らしい美しさを放つ女性ばかりでした。

また、そういう意味でジュエリーの中でもダイヤモンドは特に特別なもののように感じます。

ダイヤモンドは地球上で最も硬い自然物であり、その輝きは長い歴史の中で光の反射率や屈折率を完璧に計算された「ラウンド・ブリリアントカット」というプロポーションによりもたらされています。これまで、センスや美しさ、垢抜けに正解はなく、個人や時代、文化によって変わるものだとお伝えしてきましたが、ことダイヤモンドに関してはこの世で唯一と言える、揺るがない絶対的な美しさがもう決まっているのです。

ダイヤモンドほど、国や時代が変わっても何世紀にも渡って誰もが美しいと感じるものは他にないと言っても過言ではないでしょう。

人間は生きていれば、調子がいい日もあれば、落ち込む日もあります。そういう波がつきものです。

私だって「いつもキレイでいたい」と思いつつも、前夜に号泣するような出来事があり、朝起きたら顔と目がパンパンで、鏡を見てがっかりする朝もあります。

「もうこれ以上は頑張れない……」

そんなときにダイヤモンドを見ると「人間なんだから、いつも完璧でいられなくて当然だよね」と自分を許す気持ちにもなれますし、美しいダイヤの輝きを眺めていると徐々に勇気が湧いてきて、よし、という気持ちでヘアメイクをして、洋服のシワを伸ばして、ジュエリーを身につけ仕事に行くことができます。

変わらずに輝き、照らし続けてくれるダイヤモンドのおかげで乗り越えられた日が実際にあるのです。

中世ヨーロッパでは、ダイヤモンドはその硬さから戦士たちの間で勇気と力の象徴とされており、戦いの前に身につけることで、勝利をもたらすと信じられていていましたが、**現代の女性にとってもダイヤモンドはそんな「武装のアイテム」だと感じてなりません。**

例えジュエリーでなくとも、**何か自分を鼓舞してくれるような、「信じられるアイテム」**を一つ持っておくことは、自分なりのキレイを保つためのお守りになることは間違いないでしょう。

目に見えない自信とオーラのつくりかた

自分に自信を持つためには、大前提、「自己ベストを尽くすこと」が大切であるとお伝えしました。

そのほかにも、**堂々としており、揺るがない自信を持っているようなオーラのある人は、ぱっと見では見えないところにもこだわっています。**

例えば、下着。

ヨレヨレの下着ではなく、日々変化する自分の体型に合わせてシーズンごとに買い替えるようにするだけでも、目に見えない自信になります。

これは私の実体験なのですが、コロナ禍に仕事が在宅ワークになり、ほとんど家から出ることがなくなった時期に、ラクなブラトップ（パッド付きキャミソール）を着用する事が増え、そのまま過ごしていると、数年後自分のバストラインが変わっていることに気がつきました。

これは大変だ！と百貨店の下着売り場に駆け込み、数万円かけて自分の体にフィットした繊細な刺繍が美しい下着に一新してみたところ、明らかに身体の形が変わり、自分への自信も変わったのです。

それまでは、多少食い込みが気になるショーツでも「まぁそんなものか」と我慢していましたし、夜お風呂に入る際に服を脱ぐと、胸の変なところにワイヤーの跡がついているのを見つけても「これはいつものことだから仕方ない」と思っていました。

ですが、きちんとサイズ感の合った質の良い下着を身につけることで、それらの不快感が一切なくなり、誰に見せるわけでなくとも「自分は素敵な下着を身につけている」「私は私の身体を労り、大切にできている」という意識になりました。

意識が変わると、体型へのアプローチも変わります。

せっかくならもっと素敵に着けこなせるようになろうと、ジムに通ってボディメイクをしたり、日中もマメに胸をブラジャーに入れ直すことで、実際にボディラインが変わっていくのです。

下着以外では、**デリケートゾーンケアも、自分の身体と向き合い、大切に扱うことにつながります。**

欧米ではずいぶん前から当たり前に取り入れられているデリケートゾーンケアですが、日本ではここ数年でやっと普及し始めた習慣です。そもそも、日本人女性は「自分のデリケートゾーンを最後に見たのがいつかわからない」「もはや見た事がない」という方が非常に多く、約9割の男女がデリケートゾーンの正しい洗い方を知らないと回答されているアンケートもあるほどです（Mellia株式会社「デリケートゾーンケ

ア の実態調査」、2021年)。

排泄・出産などを担う大切な部位であるにもかかわらず、どんな形をしていて、どんな状態なのかよくわかっていないのは自分を大切にしているとは言えません。

また、デリケートゾーンは皮膚がまぶたより薄いにもかかわらず、生理用品や、締め付けの強いショーツによって刺激が多く、年中ムレやすい環境のため、様々なトラブルを抱えやすいパーツです。ニオイやくすみなどのお悩みが多く、「デリケートゾーンに自信があります!」と言える人は少ないでしょう。

なので、繊細なデリケートゾーンに合わせて作られたアイテムでケアすることや、お顔と同じように丁寧に保湿してあげること、きちんと観察することは、トラブルを未然に防ぎ、自分の体に自信を持てるパーツを増やすことになります。

このような、ぱっと見ではわからないようなところにも気を配り、ケアすることは「なんだかオーラがある人」や「自信があるように見える人」になることにつながります。

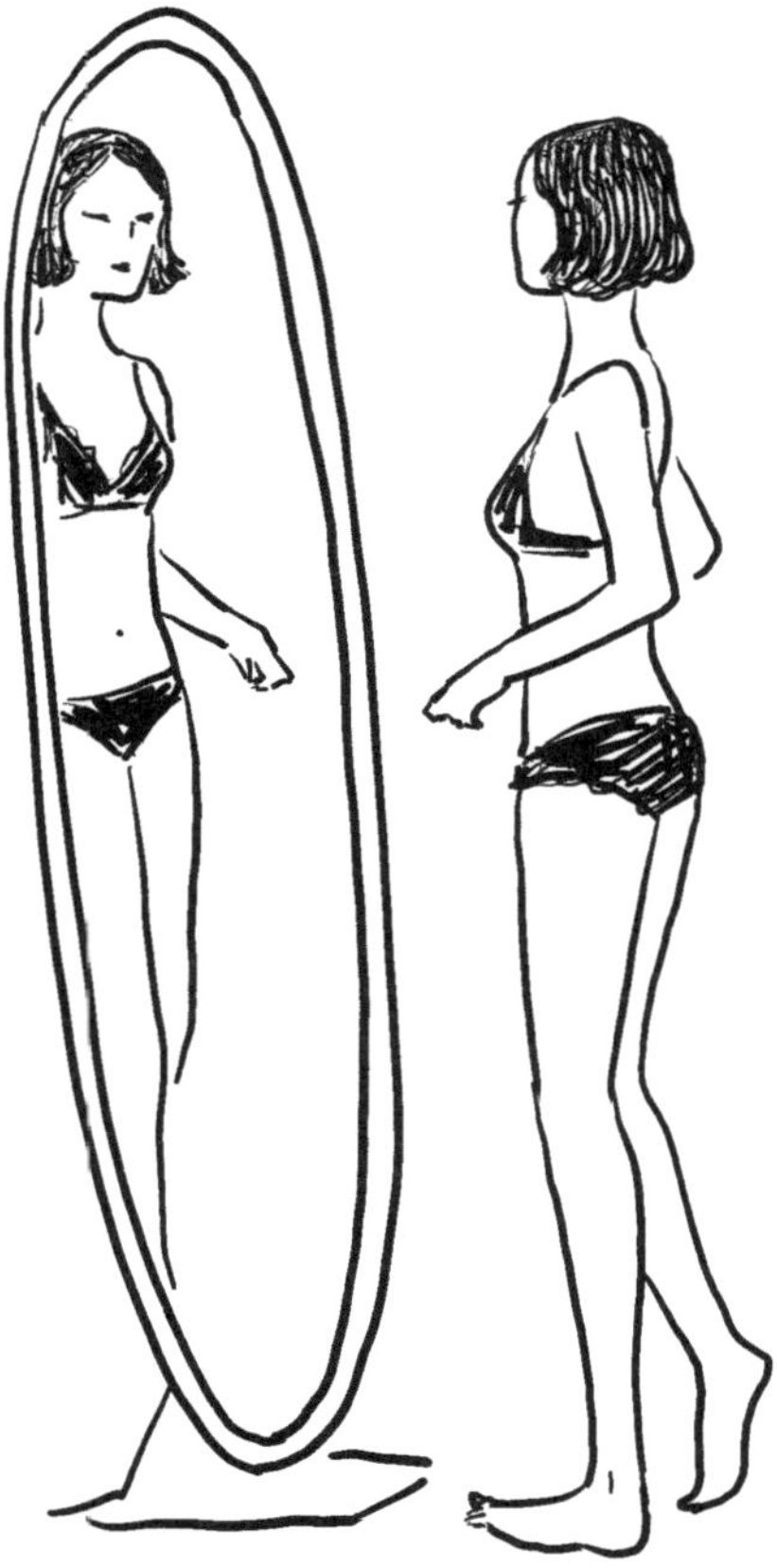

私らしさを引き立てる3つのリップ

自分なりのキレイを体現するために、リップ選びは特に重要です。お化粧品の中でもリップはTPOに合わせて変えるべき最たるアイテムであり、その日のコンディションを表すアイテムだからです。センスが良い人は、いつもどこへ行くにもいつも同じリップをつけているなんてことは絶対にありません。

私はリップに関しては最低でも3種類を使い分けるのが良いと思います。

- **ナチュラル：その人の健康的な粘膜の色**
- **赤リップ：少し華やかな印象の色**
- **おしゃれカラー：パーソナルカラーやよく着る服・小物に合った色**

普段使いにはナチュラルを使用します。

派手すぎず、個性的すぎず、暗すぎない、一番顔色がよく見えて、自分の粘膜に近い色味を選びます。粘膜の色は人それぞれ違い、赤っぽい人もいればピンクっぽい人もいますし、オレンジ・ベージュっぽい人もいます。少し唇をめくった中のほうの色味や、健康的な歯茎の色を参考に色々つけ比べてみて、選びましょう。

ちなみに、**ナチュラルカラーのリップは艶感のある、うるうるした質感で、透明感のあるテクスチャーのもの**を選んでください。

運命の赤リップも1本は持っておきたいアイテムです。

赤リップは苦手……という人も多いかもしれませんが、赤リップの種類は何万種類もあるので、その中には必ず自分にぴったりのものがあります。

冴えるような目に飛び込んでくる真っ赤。ブラウンがかった大人レッドなど、赤リップはパーソナルカラーや本人のキャラクターによって似合うものが絶妙に違います。

あまり艶感が強いものよりも、セミマットくらいがちょうど良いかもしれません。

自分の美学を体現してくれるようなカラーを見つけ出し、自分史上一番イイ女にな

れる「運命の赤リップ」をいつもポーチに忍ばせておきましょう。

最後はおしゃれカラーです。

明るいオレンジや、落ち着いたベージュ、青みピンク、など、自分に似合う色で、かつよく着る洋服やアイシャドウ、小物の色とリンクしているとおしゃれ感が出て良いです。

自分の個性を表現してくれるようなカラーを選びましょう。

私はパーソナルカラーがイエベ秋で、オレンジやベージュ、ブラウンの洋服をよく着るためその系統のリップを数種類持っています。そのほかのアイテムと唇の色が揃っていることで、全体の装いに統一感が出て垢抜けます。

質感はグロスタイプでも、マットタイプでも良いですし、色落ちしにくいティントもおすすめです。

世界観を表現する「香り」選び

香りは、視覚以外の部分でその人の美学を表現する大きな役割を担っています。なぜなら香りは私たちの脳に直接影響を与え、様々な感情を呼び起こし、神経受容体を刺激するからです。

そのため、香水には物語が存在し、香りから連想されるシーンや人物像がコンセプトになっていたりすることが多いです。

「いい香り」「好き」以外に、**「コンセプトや香りの印象が自分の美学に沿っているか」**という基準で香り選びをすると、さらに自分にぴったりのものが見つかります。

香りにこそ、その人のセンスが凝縮されているといっても過言ではありません。センスが良い人は、香りも春・夏・秋・冬で使い分けたり、デイタイム・ナイトタイムで使い分けたりしていることが多いです。気温や湿度によって香りのたち方も違いますし、装いによって感じ方が変わるからです。

例えば、

- **春は花束のような華やかな香りや、爽やかなグリーンの香り**
- **夏はフレッシュなシトラス系**
- **秋は金木犀など少し個性のあるお花の香りや、スパイス系の香り**
- **冬はローズやホワイトムスク、バニラなどのウッディ系**

のように、主体となる香りを季節に合わせて変えながら、自分にぴったりのものを選ぶと良いでしょう。

「あの人いつもいい香りするよね」と言われる人の香水の使い方は、**朝出かける前にお気に入りの香水をシュッと振りかけたら、午後3時ごろにまた持ち運び用のロールオンタイプやアトマイザーでリタッチし、気持ちをリフレッシュさせる方法。**

アフター5はそのまま同じ香水でも良いですし、予定に合わせて変えても良いでしょう。一人でリラックスするなら精油を使用したナチュラルで癒されるような香りがおすすめですし、デートならオリエンタル系の官能的な香りを選ぶなど、シーンに合わせて楽しむのも香りの醍醐味です。

最近は気になる香水を少量ずつ試すことができるサブスクなどもあるので、大きいボトルで購入する前にそういったサービスやお店で試し、数時間自分の肌につけてみた印象を確かめたほうが良いと思います。

同じ香りでもつける人の体臭や体温によって感じ方が変わりますし、香りが脳に与える影響は大きいので、ものによっては体調が悪くなるものもあるからです。

また、「いい香りだな」と思う人に会ったら思い切って聞いてみるのもおすすめです。香りの成分やブランド・価格帯を知ることで、好みの系統が見つかります。

センスが良い人にとって香水はパーソナリティを表現するものであり、たくさん試して見つけ出した自分だけの香りであることが多いので、できれば内緒にしたい人も多いかもしれません。その場合、身近な人であれば「すごいいい香りだなと思ったんだけど、真似しないから使ってる香水教えてもらってもいい……?」というような聞き方が良いでしょう。

自分にラブレターを書く

「ラブレター」と聞くと、恋人や片思いの相手へ愛を伝える手紙のように感じますが、恋愛だけではなく、友人や両親など、誰かに「私はあなたのことが大好きで大切である」と伝える手紙もラブレターと言えるでしょう。そういう意味では、ラブレターは誰に書いても良いものです。

私には毎年誕生日に手書きのカードを贈り合う友人がいますが、そこには相手の好きなところ、尊敬しているところとその理由、これまで一緒に乗り越えてきたこと、これからの楽しい未来についてなどをつらつらと書いています。

書いているその時間は、改めて友人の良いところに気づかされたり、共に過ごした時間のかけがえのなさを実感し、感謝の気持ちでいっぱいになり、私にとってはとても幸せな時間です。

これと同じように、自分に向けて手紙を書いてみていただきたいのです。

自分に対してそんな手紙を書いたことがある人はほとんどいないと思います。

「自分に向けたラブレターだなんて、照れくさい」と思われるかもしれませんが、安心してください。誰かに渡すために書くラブレターに比べたら、比較にならないくらい気楽なものです！

本当の意味で「自分なりのキレイ」を体現している人は、やっぱり自分のことが好きですし、とても大切に想っている人です。

当たり前のようにその認識を持っておきたいところですが、日々あらゆる情報に触れ、人と接していると、意識が外へ向いてしまい、なかなか自分自身に向かないものです。

自分にしっかりと目を向けてみると、誰も知らない、自分だけが知っている自分の良いところ・好きなところが必ずあります。

周りを気遣って飲み込んだ言葉があるなら、その事実を知っているのは自分だけであり、その優しさは自分しか知りません。

誰にも心から理解してもらうことができなかった苦しみを乗り越えた経験があるなら、その強さは自分しか知りません。

だからこそ、

〝過去にこんなことがあったけど、あのときも結局こうして乗り越えたよね〟

〝あなたが人一倍頑張り屋さんなことを私は知っています〟

そんな言葉を自分にかけてあげてほしいのです。

つらい出来事から逃げた経験だって、自分を大切にするためにそのときできた最善策なのであれば、偉かったと褒めましょう。

大切な人に贈るように、自分に思いやりの言葉をかけてあげるなら、伝えておきたい言葉もあると思います。

〝真面目で傷つきやすいから、自分にワガママになることも忘れないで〟
〝こまめに運動をして、ポジティブなあなたでいてね〟

よく知っているからこそ信じている、自分の可能性だってありますよね？

〝今までも「こうしたい」と思ったことを行動に移してきたよね。これからもなりたい自分にあなたならなれるから大丈夫〟

外見内面問わず、自分の素敵なところを一番理解しているのは、間違いなく自分自身です。

だからこそ、「私は自分のことが大好きで、大切である」という気持ちを持っていて良いのです。

何を書いて良いかわからない方は、次の問いかけを参考にしてみてください。

- **誰も知らない自分だけが知っているあなたの良いところは？**
- **人と接するときに大切にしていることは？**
- **譲れないこだわりポイントは？**
- **人から褒められたことがあるところは？**
- **「いいじゃん」と思えたときはどんなときだった？**
- **小さな夢や目標でもこれまでに何か叶えたものはある？**
- **気に入っているポイントはどこ？**
- **どんな未来を手に入れてほしい？**
- **10年後どんな自分になっていたい？**

自分の美学を貫くと、自分のことを好きになっていきます。

そしてそれをちゃんと言葉にし、贈ることは、自分らしい魅力を出す一番の源になります。

LOVE LETTER

Epilogue

さて、ここまでセンスを磨いて、自分らしくキレイになる方法を詰め込みました。すぐにできそうなこと、やってみたいと思えたことはありましたか？

今までやっていなかった習慣を身につけ、愚直に一つひとつ行動に変えていけば、どんな方でも確実にセンスは磨かれますし、自分だけの良さを見つけ、必ず今よりも自分の容姿に自信を持てるようになります。

ふと思い出したときに、思考や言葉を変えてみたり、ちょっとメイクにこだわってみたり、いっぱいいっぱいになりすぎていないか自分を見つめ直してみたり……。少しずつでも大丈夫なので、何気ない行動として取り入れていただけたら嬉しいです。

この本を書くにあたって、「今女性たちが本当に悩んでいることはなんだろう？」

「美容にまつわる情報の中でも、すぐに時代遅れになるような小手先のものではなく、私がお伝えできることで、一番求められていることってどんなことだろう?」と真剣に考え、向き合いました。

数年ほど前から、雑誌から「モテるOL」といった系統のコンセプトが消え、「自分モテ」という言葉をよく見かけるようになりましたが、自身のSNSで書籍の出版に向けてアンケートを実施したところ、

「周りと比較してしまうのが嫌。自分に自信を持ちたい」
「美容情報が溢れかえり、自分に合うものがわからない」
「流行をひたすら追うことに違和感を感じる」

というお悩みが多数寄せられ、結局のところ「自分モテしたい！……でも、どうすればいいの!?」と行き詰まってしまっていることがわかりました。

「自分モテ」は、他人の価値観を生きることなく、自分らしく生きるといった非常に耳障りの良い言葉ですが、長年妻や娘としての役割や、〝選ばれる側〟という立場を

強いられ生きてきた女性たちにとって、突然正解のない問題に直面することとなり、困惑してしまうのも無理はないと思います。

もちろんこれは女性だけでなく、男性にも当てはまります。「男は男らしく」「男なんだから泣くな」そんな風に育てられ、社会に揉まれている人がほとんどです。

そんな人たちに今必要なのは、ＳＮＳを見るなどの「外側に向けている時間」を、「自分自身と向き合う時間」に変え、自己理解を深めること。そして深めた自己理解を、自分の力で本質的に表現する術を身につけることです。

本質的なセンスは、流行にただ乗っているだけでは身につきません。普遍的な美しさを知ることはもちろん、流行も自ら学びに行く姿勢が必要です。

私はたまたま、表現をするデザイナーという仕事を生業に選び、当たり前のようにセンスを磨くためのレールがある人生でしたが、そうでない人も誰も教えてくれなかっただけで、これから学べばいくらでも変わります。本書にある通り、知識と経験を増やせば良いだけです。

そんな風に自分を磨き、自分で自分のことを「いいね」と思える期間を増やすことができたら、毎日を自分らしく楽しく過ごすことができます。

一方で、正直にいうと私はどんなに自分で「いいね」と思えても、人から大切にされない、誰からも愛されない人生を過ごすのは嫌だなと思います。なので、仕事にしろ、プライベートにしろ、周囲から大切にされるためにも、自分の魅力を他者に対してしっかりと表現できる自分でありたいと思っています。

あわよくば、人から「キレイな人だ」と思われたいとも思ってしまいます。

そのためにも、これからの長い人生、「センスの良さ」や「自分の魅せ方を知っている」ということは、どんな方にとってもより良く生きるために欠かせない強さです。

「美しさ」とは一つの洗練された表現でしかありません。

本書が、答えのない「美」という表現の世界を楽しむきっかけになれば幸いです。

MIZUKI

購入者限定特典

本書をご購入のみなさまに、本文中でご紹介した
ワークまとめたPDF特典をご用意しました。
ぜひお役立てください。

【ダウンロード特典】

- 美学を見つける10のワーク
- 垢抜けシート

https://d21.co.jp/formitem/

ユーザー名 ▸ discover3095
パスワード ▸ sense

※本特典は、予告なく終了することがあります。
※本データは、個人的使用の範囲に限らせていただきます。

センスのいい人だけが知っている「自分なりのキレイ」のつくりかた

発行日　2024年9月20日　第1刷

Author　MIZUKI
Illustrator　網中いづる
Photographer　美濃ツヨシ
Book Designer　吉村亮＋大橋千恵（Yoshi-des.）

Publication　株式会社ディスカヴァー・トゥエンティワン
〒102-0093　東京都千代田区平河町2-16-1 平河町森タワー11F
TEL　03-3237-8321(代表)　03-3237-8345(営業)
FAX　03-3237-8323
https://d21.co.jp/

Publisher　谷口奈緒美
Editor　安永姫菜

Distribution Company
飯田智樹　蛯原昇　古矢薫　佐藤昌幸　青木翔平　磯部隆　井筒浩　北野風生　副島杏南　廣内悠理
松ノ下直輝　三輪真也　八木眸　山田諭志　鈴木雄大　高原未来子　小山怜那　千葉潤子　町田加奈子

Online Store & Rights Company
庄司知世　杉田彰子　阿知波淳平　大﨑双葉　近江花渚　滝口景太郎　田山礼真　徳間凜太郎
古川菜津子　藤井多穂子　厚見アレックス太郎　金野美穂　陳玟萱　松浦麻恵

Product Management Company
大山聡子　大竹朝子　藤田浩芳　三谷祐一　千葉正幸　中島俊平　伊東佑真　榎本明日香　大田原恵美
小石亜季　舘瑞恵　西川なつか　野﨑竜海　野中保奈美　野村美空　橋本莉奈　林秀樹　原典宏
牧野類　村尾純司　元木優子　浅野目七重　神日登美　小林亜由美　波塚みなみ　林佳菜

Digital Solution & Production Company
大星多聞　小野航平　馮東平　森谷真一　宇賀神実　津野主揮　林秀規　斎藤悠人　福田章平

Headquarters
川島理　小関勝則　田中亜紀　山中麻吏　井上竜之介　奥田千晶　小田木もも　佐藤淳基　福永友紀
俵敬子　池田望　石橋佐知子　伊藤香　伊藤由美　鈴木洋子　藤井かおり　丸山香織

Proofreader　文字工房燦光
DTP　株式会社RUHIA
Printing　シナノ印刷株式会社

ISBN978-4-7993-3095-1
(SENSE NO IIHITO DAKEGA SITTEIRU JIBUN NARINO KIREI NO TSUKURIKATA by MIZUKI)